DE LA

LIBERTÉ COMMERCIALE.

PARIS. — IMPRIMERIE D'ÉVERAT,
rue du Cadran, n° 16.

DE LA

LIBERTÉ COMMERCIALE,

ET

DE LA RÉFORME DE NOS LOIS DE DOUANES,

PAR A.-J. LHERBETTE,

DÉPUTÉ DE L'AISNE.

PARIS.

GUSTAVE BARBA, LIBRAIRE,

RUE MAZARINE, N° 34.

1835.

AVERTISSEMENT.

L'enquête qui vient d'avoir lieu a éveillé l'attention publique sur les questions d'intérêts matériels, et donné naissance à de nombreux débats sur les bases d'une loi de douanes. Les vrais principes d'économie politique ont été tour à tour invoqués, contestés ou éludés. Ils sont, depuis bien des années, exposés dans des traités généraux ; ils l'ont été aussi dans plusieurs articles estimables de revues et de journaux. Mais ni dans des traités, où il faut embrasser l'ensemble de la science, ni dans des revues et journaux, où l'espace manque, ils n'ont reçu tous les développemens dont ils sont susceptibles.

Peut-être était-il bon de se livrer à ces développemens dans une discussion spéciale. Les

Chambres vont avoir à statuer sur la consécration des ordonnances de juillet dernier, qui sont entrées dans un nouveau système, et peut-être aussi à rendre d'autres lois de douanes. Un examen sérieux des règles qu'elles doivent adopter, pour la solution d'une multitude de questions d'un même ordre, est nécessaire, et la tribune ne le comporte pas. Notre but aura été atteint si nous pouvons, dans ce modeste écrit, éviter à quelques-uns de nos collègues un travail auquel, absorbés qu'ils sont par d'autres occupations, ils n'auraient pas tous le temps de se livrer.

DE LA

LIBERTÉ COMMERCIALE

ET DE LA

RÉFORME DES LOIS DE DOUANES.

CHAPITRE PREMIER.

EXPLICATION ET ORIGINE DES DOUANES.

Les droits de douanes, ainsi que chacun le sait, peuvent être envisagés sous deux points de vue, financier et industriel : comme impôts et comme encouragemens à la production nationale.

Des taxes générales sur le commerce, pour indemnités des frais qu'il occasione à l'Etat, n'ont rien que de juste. Il en est de même des taxes spéciales sur une branche particulière de commerce. Elles peuvent même, dans les deux cas, surpasser les frais; car il est, dans l'État, une foule de dépenses auxquelles ne correspondent pas de recettes, et dont il faut que le montant soit acquitté par la masse des citoyens.

C'est comme impôts de ce genre, mais non pas comme impôts répartis suivant les régles d'équité dont nous parlons, que les douanes ont été originairement établies.

Dans les temps d'anarchie féodale, les marchands étaient continuellement dévalisés par les seigneurs dont ils habitaient ou traversaient le territoire. Ils se rédimaient du pillage par une rançon; ils préférèrent bientôt s'en préserver par l'achat de sauf-conduits. Ce qu'on leur arrachait ainsi était considéré comme un prélévement sur les bénéfices d'esclaves émancipés, et le plus souvent de juifs, dont on méprisait la condition, dont on niait les droits, et dont on enviait les gains. On le prenait sans distinction sur les articles indigènes ou exotiques; et, faute de concevoir que toute taxe sur les marchands retombe sur les consommateurs, on faisait frapper celle-ci sur les objets de première nécessité, comme sur ceux de luxe.

Une seule différence était admise : le gain des marchands étrangers, vu de plus mauvais œil que celui des nationaux, était encore plus grevé.

A mesure que les choses s'étaient régularisées, les seigneurs avaient désiré que ces redevances eussent quelque fixité. Il ne leur suffit plus alors de ne point commettre le pillage, il leur fallut aussi l'empêcher. De là une véritable protection, mais qui, avec la meilleure volonté, ne pouvait guère s'étendre au-delà de chaque territoire seigneurial.

Quand l'autorité royale empiéta sur les autres, elle en usurpa tous les profits; et, justes ou non, elle les conserva. L'amour de la justice va bien jusqu'à dépouiller le spoliateur, mais pas toujours jusqu'à faire cesser la spoliation dont on profite. Les barons féodaux, qui laissèrent mettre des tailles sur leurs tenanciers, consentirent à plus forte raison à celles qui portèrent sur les marchands, dont les propriétés, non inhérentes au sol, leur semblaient par cette raison moins dignes d'intérêt.

Il y aurait néanmoins méconnaissance des faits à dire que le commerce ne fit que changer de spoliateurs. Les rois, dont la puissance était plus grande, purent en faire sentir l'effet plus au loin; alors les droits de douanes furent réellement le prix, fort exagéré sans doute, mais enfin le prix de la protection accordée au commerce, surtout contre les écumeurs de mer. Et comme, dans les diverses branches de commerce, il en est qui nécessitent plus ou moins d'assistance et entraînent plus ou moins de frais; comme, en outre, on finit par comprendre que l'impôt avancé par le marchand est en définitive payé par le consommateur, et qu'il faut moins charger les objets de première nécessité que ceux de luxe; ce furent autant de motifs pour substituer ou pour joindre à des taxes générales sur le commerce des taxes spéciales sur ses diverses branches.

Une autre conséquence de l'admission du principe que tout l'impôt retombe sur le consommateur eût dû être de supprimer toute distinction entre les produits exotiques et les indigènes. Mais quand une fois un impôt est établi, tout ce qui pourra se dire contre sa base le fera rarement abolir; seulement on lui en cherchera une autre.

C'est ce qui est arrivé ici, peut-être même de bonne foi. On soutint que les droits devaient être conservés plus forts sur les produits exotiques, afin de favoriser, tant au-dedans qu'au-dehors, la production indigène. Souvent même on crut que ce n'était pas assez d'une surtaxe; et la prohibition advint comme corollaire de ce nouveau principe. Ajoutez que les gouvernemens y furent poussés encore, et par la cupidité des producteurs nationaux, qui coloraient leur intérêt du nom d'intérêt public; et par la simplicité des consommateurs, qui appelaient patriotisme le mauvais calcul de payer plus cher chez soi ce qu'on se procurerait à meilleur marché du dehors.

Dans cet écrit, nous n'examinerons pas les droits de douanes comme impôts. Qu'ils aient, ainsi que tant d'autres, l'inconvénient, quelquefois inévitable, de grever les capitaux au lieu des revenus ; qu'ils nécessitent des frais énormes de perception, à peu près de 25 millions chez nous, par l'entretien d'une armée de vingt mille douaniers ; qu'ils donnent naissance à des vexations intolérables, aux visites d'objets les plus destructives, et surtout aux perquisitions personnelles les plus grossières, les plus dégradantes ; à des avaries et à des avanies de tous genres ; tous ces vices ne feront pas que de long-temps il puisse être question de les supprimer.

C'est seulement comme moyens de protection, ou plutôt d'encouragement à la production nationale que nous allons les envisager.

On n'objectera pas que notre concession sur le premier point rend inutile notre discussion sur le second. On sent, en effet, que la nature des lois de douanes, celle des objets qu'elles auront en vue, et la quotité des droits, devront varier selon le but qu'elles se proposeront.

CHAPITRE II.

EXPLICATION ET ORIGINE DES DIVERS SYSTÈMES D'ÉCONOMIE COMMERCIALE.

L'attachement aux droits de douanes, comme moyens de protection, ou plutôt d'encouragement à la production nationale, est un reste de ce vieux système où les gouvernemens croient devoir tout faire et tout diriger.

Tantôt ils produisent eux-mêmes ce que l'industrie particulière peut leur livrer.

Tantôt ils accordent des primes et des subventions aux produits indigènes.

Souvent ils organisent un vaste ensemble de prohibitions ou de droits protecteurs contre l'entrée des produits similaires de l'étranger.

Tout cela se conçoit dans l'enfance des sociétés, quand le gouvernement est la partie la moins ignorante de la nation. Qu'il soit alors tout, parce que le reste n'est rien : qu'il soit producteur, négociant. Mais il en est autrement lorsque s'est développée la civilisation, lorsqu'a grandi l'industrie particulière.

Aujourd'hui le gouvernement ne se fait plus producteur que des objets dont il est seul, ou presque seul consommateur. Pour ces objets, l'industrie particulière, privée de documens sur l'époque et le montant des besoins, sur une foule de circonstances que le gouvernement doit souvent tenir cachées, manquant dès-lors de règles, courrait de grandes chances de pertes si elle produisait à l'avance, et demanderait, par compensation, des prix trop élevés.

On reconnaît aussi au gouvernement le droit, et même le devoir, d'intervenir, et de différentes manières, suivant la diversité des cas, dans certaines entreprises, qui, sans être assez fécondes en fruits directs pour que des compagnies particulières puissent s'en charger, procurent néanmoins au pays des fruits indirects. Ainsi des routes, outre les bénéfices qu'elles rapportent aux capitalistes par les transports des marchandises et des voyageurs, sont utiles au pays sous les points de vue de la valeur des propriétés, de la civilisation et de la sûreté. Nous croyons encore qu'un gouvernement sage doit tenir des travaux en réserve pour des momens de transitions. Quand une branche de commerce laisse tout à coup des ouvriers sans emploi, par cessation de production ou par simplification dans le mode de travail, il y a nécessité de les occuper, afin d'éviter des troubles; mais c'est là une mesure de gouvernement, et non d'économie politique.

A l'égard des primes, si l'on excepte celles qui sont données aux pêches de la morue et de la baleine, comme stimulans à la marine, et dont nous parlerons plus bas, on n'en alloue plus guère à titre d'encouragement proprement dit. Chacun en reconnaît le vice; nous ne perdrons donc pas de temps à les combattre.

Mais on accorde encore des restitutions de droits, dont une espèce est aussi désignée, en langage de douanes, sous le nom de *primes*. Lorsque la restitution de la totalité, ou d'une partie, des droits pris sur l'entrée de marchandises étrangères est faite sur ces marchandises réexportées dans la même forme qu'elles ont été importées, elle conserve le nom générique de *restitution de droits* ou *drawback*. Lorsque la forme a changé, que la marchandise est réexportée après avoir été manufacturée, la restitution s'appelle *prime*. Il est encore des restitutions d'une troisième espèce, celles des droits levés à l'intérieur sur la production indigène.

Toutes ont l'inconvénient de laisser ouverture à des fraudes, d'autant plus nombreuses que le droit remboursé est plus élevé.

Néanmoins, celles de la première espèce sont

bonnes, en ce que, sans elles, serait tué le commerce de transport, qui, bien qu'en général le moins fructueux de tous, est toutefois d'une utilité réelle, souvent même capitale pour un pays.

Celles de la seconde sont mauvaises. D'abord, si elles ne s'appliquent qu'à certains produits, elles les mettent dans une catégorie privilégiée, et, les affranchissant des droits que paient toutes les autres, les encouragent de fait. Ensuite, même quand elles sont accordées pour toutes productions, ce ne sont pas les nationaux, mais les étrangers qui en profitent. Ainsi, par ces primes, la Suisse reçoit, pour 60 cent., notre sucre raffiné, que nous payons 1 fr.; et les gobelets de verre fabriqués en Angleterre, qui y coûtent 8 sols, ne se vendent que 2 en Amérique. Elles sont donc entachées du vice des autres primes à l'exportation.

Quant à la troisième espèce, si elle participe des avantages de la première, elle est plus encore entachée des défauts de la seconde.

On abandonne un autre moyen de protection de l'industrie manufacturière sur le marché étranger, les prohibitions de sorties des matières premières. Ces prohibitions avaient pour but de faire que les manufactures indigènes fussent mieux pourvues et les exotiques privées de ces élémens de leurs travaux. Mais on a senti que l'excitant de l'exportation opérait la surabondance de la production, et, par suite, l'abaissement des prix; que l'empêcher ainsi c'était nuire aux manufactures indigènes elles-mêmes.

Les idées ne sont pas encore aussi bien arrêtées relativement aux prohibitions et aux droits dits protecteurs, contre certains produits exotiques.

Le système qui en défend l'entrée s'appelle *prohibitif*. Celui qui se borne à les frapper de droits prend le nom de *protecteur*. Enfin celui qui laisse chacun faire et chaque chose passer est dit *de liberté commerciale*.

La dénomination de *protecteur* est inexacte. L'administration doit, dans tous les systèmes, accorder protection au commerce, comme à tout exercice de droits, en ce sens qu'elle doit le défendre contre l'injustice ou la violence. Mais ici il ne s'agit pas de cette assistance générale; il s'agit d'une garantie spéciale contre la concurrence étrangère. On veut encourager l'industrie nationale à s'occuper de produits qu'elle ne pourrait livrer à aussi bon marché que l'industrie étrangère, aux produits similaires de laquelle on défend l'entrée du pays, ou on ne la permet que grevée de droits. Ce système devrait alors s'appeler *d'encouragement*, plutôt que de protection.

Si le droit mis à l'introduction des objets exotiques, joint aux taxes imposées directement ou indirectement sur leur fabrication dans leur pays, ne surpasse celles qui portent sur la fabrication indigène, celle-ci ne trouve d'avantages que dans l'infériorité des frais de transport et d'agens et dans les facilités plus grandes pour les placemens et l'attente. Le système ne doit pas alors être qualifié ni de protection ni d'encouragement, comme il l'est quelquefois à tort. Il n'est que d'équité, d'égalité : car il se borne à empêcher que les marchandises exotiques aient, sur le marché intérieur, un privilége sur les indigènes. Le système protecteur n'a réellement lieu que si les droits d'entrée se mesurent, non pas sur les taxes qui grèvent la fabrication dans les deux pays, mais sur la différence des prix de *revient* de leurs articles similaires.

CHAPITRE III.

VICES DES SYSTÈMES PROHIBITIF ET PROTECTEUR, ET MOTIFS DE PRÉFÉRENCE POUR CELUI DE LIBERTÉ.

SECTION Ire.

INTÉRÊT DES CONSOMMATEURS.

Il n'est personne qui ne conçoive que le meilleur excitant de la production c'est le débit; et que la première condition d'un débit avantageux c'est la latitude des débouchés, la multiplicité des marchés, la faculté de se porter vers celui qui conviendra le mieux, en d'autres termes, la liberté du commerce. C'est incontesté. Aussi tous les gouvernemens, même les plus prohibitifs, voudraient-ils pour leurs nationaux la liberté de vente sur tous les marchés. Seulement ils ne l'accordent pas sur le leur aux étrangers, dans la crainte que la concurrence de ceux-ci ne nuise à la production indigène, qu'ils désirent encourager.

Cette conduite est-elle sage?

Dans tous pays où se rencontreront les élémens favorables à un genre d'industrie, comme sol, climat, situation, bas prix des matières et du salaire, aptitude des habitans, on peut être sûr que ce genre d'industrie s'établira de lui-même; comme aussi qu'il ne s'y établira pas naturellement sans ces conditions. Chaque particulier, stimulé par son intérêt privé, est beaucoup meilleur juge de l'emploi de ses capitaux que l'administration ne le serait pour lui. Quand le besoin d'une chose se fait sentir, la production, certaine du bénéfice, se passe très-bien d'excitans : et quand au contraire il faut lui en accorder, c'est que le besoin de la consommation n'équivaut pas aux frais de production. En un mot, ce qui est nécessaire n'exige pas d'encouragemens, comme ce qui en exige n'est pas nécessaire.

Et n'oublions pas la condition favorable du producteur national, en raison de l'économie des frais de transports et d'agens, comme aussi en raison de la plus grande facilité pour l'attente et les placemens. Si, avec ces quatre avantages, il ne peut soutenir la concurrence étrangère, n'en faut-il pas conclure que le pays est, à cet égard, dans un état d'infériorité réelle? Et cette vérité sera d'autant plus frappante qu'il s'agira d'objets dont le poids et le volume plus considérables entraîneront plus de dépenses.

Vouloir faire germer une industrie dans un pays où elle ne se développe pas d'elle-même, c'est vouloir forcer une plante à vivre dans un sol ou sous un ciel non propices. Sans doute on le peut par des serres-chaudes et par d'autres moyens factices; mais ces moyens sont coûteux : et les douanes, comme encouragemens, sont les serres-chaudes de l'économie politique.

Si un pays ne produit tels objets qu'à un prix trop élevé, et peut se les procurer contre d'autres qu'il obtient à meilleur marché, c'est à la production de ces derniers qu'il devra se livrer pour en faire des objets d'échange. Ce seront encore, sinon les articles mêmes, du moins les fruits indirects de sa production qu'il consommera. Car, comme les échangistes étrangers ne lui donnent rien pour rien, une nation, quand elle consomme des produits exotiques, ne consomme, en résultat, que les siens propres sous une autre forme. La nature bienfaisante, pour indiquer les avantages de la division du travail et des rapports mutuels, a, dans sa diversité inépuisable, doté chaque nation d'attributs particuliers, comme chaque individu de facultés spéciales. Les échanges auxquels le système prohibitif met obstacle n'auraient-ils pas lieu, il est inutile : auraient-ils lieu, c'est qu'ils étaient avantageux, et alors il est funeste. Sur ce point, comme sur beaucoup d'autres, ce que l'administration peut faire de mieux, c'est de ne rien faire, et la meilleure est celle qui administre le moins.

Éclaircissons par des exemples ces raisonnemens un peu arides.

On pourrait faire venir la vigne ou le caféyer sous les pôles, comme dans les régions tempérées où équinoxiales, mais avec cette différence qu'ils y coûteraient beaucoup plus cher, et seraient moins bons : et l'on obtiendrait dans le midi des plantes du nord, avec les mêmes conditions de renchérissement et d'infériorité. Certes, pas un particulier ne sera assez dénué de sens pour s'adonner à des cultures si déraisonnables. Il en sera de même pour l'industrie manufacturière. Qu'avec 10 journées de travail on fasse en France 100 livres de soie et 50 de coton, et en Angleterre 100 de coton et 50 de soie, et que les deux pays échangent au pair ; il est clair que chacun trouverait profit à faire seulement ce qu'il fait le mieux, et à l'échanger contre ce qu'il fait moins bien. Mais survient le gouvernement qui dit : Afin de protéger chez moi l'industrie d'objets qui sont ailleurs à meilleur marché, je prohibe l'entrée des similaires exotiques; ou bien, je l'assujettis à un droit tel qu'ils coûteront plus encore que les indigènes. « Pour fixer le droit, a » dit M. le ministre du commerce de 1831 » (Projet de loi sur les céréales) on commence par constater le prix coûtant de l'article » à l'étranger. On l'oppose au prix de revient » du même objet à l'intérieur de la France. On » ajoute à la différence la valeur d'une prime » suffisante pour assurer la préférence au producteur français; et ce chiffre donne l'impôt » qui doit être perçu à l'importation. » En d'autres termes, on fait tout pour que le consommateur paie plus cher, dans le pays, ce qu'il pourrait tirer du dehors à plus bas prix, c'est-à-dire pour qu'il paie les objets au-delà de leur valeur véritable.

Ainsi, les droits sur les sucres étrangers, en faveur de celui de betteraves et de ceux des colonies, font que notre consommation nous coûte environ 30 millions de plus qu'elle ne nous coûterait avec la liberté du commerce. A la Havane, à Cuba, à Porto-Rico, le sol, plus favorable à cette culture que celui de nos colonies, produit, et sans engrais, plus du double sur la même quantité de terre. Il y donne 6 à 7000 kil. par hectare, au lieu de 2500 ou 3000 dans les Antilles françaises. Aussi ces pays nous offrent-ils cette denrée à moitié meilleur marché que ne le font nos colonies. Le Brésil, les Indes orientales, encore plus fécondes, nous le fourniraient à un taux encore bien moindre. Et la consommation en augmenterait en France, où elle n'est pas de 3 1/2 kilog. par individu; tandis qu'elle est en Allemagne de 5 1/2, et en Angleterre de 6. On prétend que les colonies, obligées de prendre, en retour de leurs sucres, nos marchandises, de préférence à celles de l'étranger, favorisent notre industrie nationale. Mais quel débouché, pour un peuple de 33 millions d'habitans, que celui de trois îlots comme la Guadeloupe, la Martinique et Bourbon! Quelle propriété que ces terres éloignées, qui, au premier coup de canon, nous seraient enlevées par l'Angleterre, si elle voulait nous enrichir de cette perte! Est-ce que, d'ailleurs, le service des douanes peut être fait sur leurs côtes comme sur nos frontières? Est-ce que dès-lors, malgré nos prohibitions, la contrebande ne les approvisionne pas contre notre monopole, et ne rend pas pour nous le pacte de la mutuelle prohibition une véritable duperie? Et, la réciprocité fût-elle égale, le montant des ventes faites aux colonies fût-il égal au montant de leurs envois, le montant des bénéfices qu'elles procurent à la métropole égal aux sacrifices qu'elles occasionent, hé bien encore, que s'ensuivrait-il? Les bénéfices ne se répartissent qu'entre les producteurs de la mère-patrie, et les sacrifices sont payés par l'impôt, c'est-à-dire par tous les contribuables : d'où cette conclusion stricte que, après avoir grevé les consommateurs français en faveur des producteurs coloniaux, on grève les consommateurs coloniaux en faveur des producteurs français. En résultat, deux maux au lieu d'un, deux injustices au lieu d'une.

Ainsi encore, lorsque, au moyen d'une taxe élevée successivement à 270 f. par tonneau, d'après le tarif de 1822, nous payons 50 f. à nos maîtres de forges le fer que l'Angleterre et la Suèd enous offrent à 24; lorsque nous accordons ainsi au producteur indigène une prime de plus de 100 pour %, nous sacrifions par an 50 autres millions.

Ne fait-on pas également un calcul bien erroné en surchargeant de droits l'entrée des cachemires de l'Inde, pour exciter nos imitations dans un genre où nous sommes d'une infériorité frappante?

On veut nous forcer à produire à grands frais ce que nous pourrions acheter bon marché à l'étranger; et l'on appelle cela nous faire faire des conquêtes! Le sucre de betteraves et les cachemires façon de l'Inde, voilà des trophées de victoires bien fructueuses! On a raison de dire que les conquêtes coûtent cher. Espérons que l'on s'en dégoûtera en économie publique, comme on s'en est heureusement dégoûté en politique. En vérité, elles étaient de même nature, et non plus désastreuses ni plus déraisonnables que nos mesures de protection, les lois anglaises qui, pour favoriser l'élève des moutons, ordonnaient que les ensevelissemens eussent lieu dans un linceul de laine; et celles qui, dans l'intérêt des marchands de boutons de métal, prohibaient, sous des peines sévères, l'usage des boutons de drap; et celles qui, pour protéger les filatures de coton anglais, faisaient détruire les filatures d'Irlande; et les ordonnances espagnoles qui, dans leur sollicitude pour le débit des vins de la métropole, enjoignaient d'arracher les vignes des colonies du Nouveau-Monde; voire même ces condamnations de 1794, qui envoyaient à l'échafaud quiconque avait transformé en prairies artificielles des terres labourées!

Aux raisonnemens et faits qui prouvent avec la dernière évidence que le consommateur souffre un tel système, on répond que le même individu est à la fois consommateur d'un côté et producteur de l'autre; qu'ainsi l'intérêt de la consommation est identique avec celui de la production. Oui, sans doute, avec celui de la production générale; mais non pas avec celui de telle production spéciale. Pour que la réponse fût juste, il faudrait que tout individu, en même temps qu'il consomme des objets protégés, en produisît aussi, et pour la même valeur. Mais le rentier, l'homme de loi ou de médecine, de science quelconque, que produisent-ils donc qui réclame secours contre les similaires étrangers?

Et ceux qui se livrent à des industries non protégées ne sont-ils pas grevés comme consommateurs, sans être avantagés comme producteurs? Par inverse, ceux qui s'adonnent à des industries protégées ne sont-ils pas bien autrement avantagés comme producteurs que grevés comme consommateurs ? Sont-ils donc les uns et les autres dans les mêmes proportions pour les mêmes objets? Qu'un individu produise 1000 d'un objet et en consomme 1, ce système le favorise pour 999, et ne le lèse que pour 1; au total le favorise pour 999 millièmes. C'est à cela que se réduit l'identité invoquée. Les différences sont bien réelles. Le consommateur s'applaudit de la fécondité de la production, qui amène la baisse des prix; le producteur se félicite souvent de la rareté, d'où résulte le renchérissement. Le premier recherche les objets qui satisfont le mieux à ses besoins; il repousse les prohibitions et les droits protecteurs, qui lui font payer plus cher, dans l'intérieur, ce qu'il obtiendrait à meilleur marché de l'extérieur. Le second s'inquiète fort peu de savoir si l'objet est ou non le plus convenable; il veut seulement que, à défaut d'autres, cet objet soit vendu au plus haut prix possible; il réclame des encouragemens pour ses produits, quels qu'ils soient, et des prohibitions contre les similaires de l'étranger. L'un veut l'égalité, et l'autre le privilége; l'un désire le développement, et l'autre le rétrécissement de la concurrence.

Ne confondons pas non plus, comme on le fait souvent, l'intérêt du producteur-marchand avec celui de l'ouvrier; distinguons bien l'homme à profits de l'homme à salaire. La quantité du débit, et dès-lors de la production, est en rapport direct avec la prospérité de la société; et comme le travail, par suite le salaire, dépendent de la quantité de la production, l'intérêt de l'ouvrier est lié à celui de la fortune publique. Mais le producteur peut quelquefois gagner plus sur un petit nombre d'articles en des jours de disette que sur une grande quantité des mêmes articles en temps d'abondance; et ses profits sont, dans ce cas, en raison inverse du salaire de l'ouvrier et de la richesse du pays. Ainsi, par exemple, une récolte très-belle de vins est propice au vigneron, dont le travail est plus demandé, et dès-lors le salaire plus élevé; elle l'est au consommateur, en ce qu'elle entraîne la baisse des prix : et, en même temps, elle donne fréquemment lieu aux plaintes des propriétaires de vignes, pour lesquels elle occasione plus de frais et une dépréciation des récoltes précédentes qu'ils auraient encore en cave.

En résumé, l'intérêt du producteur, bien distinct de celui de l'ouvrier, l'est encore plus de celui du consommateur. Quelquefois même il leur est diamétralement opposé. Ainsi donc, quand il est démontré qu'une mesure grève le consommateur au profit du producteur, il y a non-sens à répondre que chacun est à la fois producteur et consommateur. Cette pétition de trois industriels de Londres, commençant par ces mots : « Nous, le peuple anglais, etc., » si elle est plus ridicule dans la forme, ne l'est pas plus au fond que les réclamations de tant d'autres. Elle réduit à sa plus simple expression cette prétention de la part de chaque espèce de producteurs de vouloir couvrir leurs intérêts privés du voile de l'intérêt public.

Les mesures protectrices de la production indigène sont donc réellement un impôt au profit de quelques individus sur le reste de la nation. Il faudrait faire le calcul de cet impôt pour chaque genre d'articles; et, présentant ensuite les choses pour ce qu'elles sont, dire, dans les motifs d'un projet de loi : « Nous proposons d'établir sur les contribuables, par un moyen détourné et onéreux, celui d'entraves à l'entrée des marchandises exotiques, une pension de *tant* au profit de *telle* classe de producteurs. » Mais ce serait trop clair.

S'il est évident que les systèmes prohibitif et protecteur ont pour résultat de nous faire payer chez nous des produits plus cher que nous ne les paierions à l'étranger, il s'ensuit qu'ils diminuent le capital de la société, ou en arrêtent l'augmentation, et qu'ils opèrent le même effet sur l'industrie, dont l'accroissement est toujours en rapport direct avec celui du capital social.

SECTION II.

INTÉRÊT DES INDUSTRIES NON PROTÉGÉES.

Le système de prohibition ou de droits élevés sur l'entrée des marchandises étrangères ne nuit pas seulement aux consommateurs ; il nuit aussi à toutes les industries, et par plusieurs raisons.

D'abord, comme nous venons de le dire, il diminue le capital de la société en général, et, par suite, la partie qui en serait consacrée à l'industrie.

Puis, il repousse les capitaux des placemens industriels, par l'incertitude où l'on est de savoir quels seront, d'un jour à l'autre, les objets de la protection.

Ensuite, comme les entreprises industrielles de la société sont limitées par son capital, le système d'encouragemens, en jetant des capitaux dans les industries qui reçoivent de lui une vie artificielle, les détourne de celles qui, naturelles au pays, se développeraient sous le régime de liberté.

Il exhausse le prix des produits de toutes celles qui se servent de matières exotiques surimposées. Ainsi, quand, pour favoriser les propriétaires de forges en France, on surtaxe l'entrée du fer exotique, on opère une augmentation sur le prix des instrumens et des machines; et l'on est, en outre, privé d'une foule d'autres, dont l'usage diminuerait les frais de la production.

Il y a plus : l'élévation du prix d'une matière première influe sur celui de plusieurs autres. Pour continuer le même exemple, la multiplication des fourneaux, conséquence immédiate des mesures contre l'entrée des fers étrangers, rend le bois beaucoup plus cher; car la très-grande majorité du fer produit en France l'est par du charbon de bois.

Aussi, sous ce régime protecteur, entend-on tous les producteurs se plaindre, et avec raison, des hauts prix de leurs matières premières. C'est qu'il n'offre qu'un tissu de contradictions. Il veut protéger les industries agricole et manufacturière contre la concurrence étrangère; et il commence par les empêcher de se procurer à bon marché leurs élémens de production, notamment le fer et la houille. Que les tarifs ne les forcent plus à payer l'un deux fois, l'autre dix fois plus cher que ne le fait l'Angleterre, et elles n'auront plus besoin de tarifs protecteurs. On a calculé que l'agriculture française éprouve une perte annuelle d'environ 45 millions, par l'obligation où elle est de se servir des fers indigènes, ou de supporter des droits très-forts sur l'entrée des exotiques. Cette évaluation est peut-être un peu exagérée; mais on ne saurait se dissimuler que le dommage ne soit énorme. De plus, il faut le remarquer, comme de bons outils se remplacent difficilement, et que le sacrifice fait pour les obtenir se récupère vite, l'élévation des droits ne profite pas toujours, à cet égard, aux propriétaires de forges françaises, qui ne peuvent fournir que des qualités moins bonnes. L'importation des outils n'a pas diminué depuis que le tarif de 1822 a si fort surenchéri sur celui de 1814. D'après des renseignemens positifs, elle a même augmenté dans une forte proportion. Sans entrer dans des détails pour chaque objet et pour chaque année, nous dirons que l'importation, qui, pour les instrumens aratoires et les limes, râpes, scies et outils, avait été de 304,075 kil. en 1815, est montée en 1833 à 717,921. Faisons toutefois observer que cet accroissement a eu lieu, non à cause de l'élévation des droits, mais malgré cette élévation. Il est dû aux développemens de l'industrie, et aux nombreuses épreuves qui ont démontré l'infériorité de nos produits en ce genre.

Par exemple encore, la seule différence sur les prix du fer et de la houille, en Angleterre et en France, en amène une d'environ 20 p. °/₀ dans la confection des calicots des deux pays.

Et pour les constructions, que de piliers, colonnes, poutres, conduits, tuyaux, etc.; et pour les chemins, que d'ornières; en un mot, pour les industries manufacturière et agricole, que de machines et d'ustensiles, comme moulins, machines à battre le blé, à cribler, à couper le fourrage; que d'objets, en un mot, qui, faits en fonte ou en tôle chez nos voisins d'outre-mer, le sont chez nous en bois et d'une manière imparfaite! Ne voyant que le présent, on dit: une exploitation française n'emploie que telle quantité de fer. Faisons donc aussi cet autre calcul: S'il était à tel taux plus bas, combien en emploierait-elle?

Ce n'est pas tout. Ce système, qui veut protéger le travail national, impose parfois l'entrée de la matière première plus que celle de l'objet travaillé à l'étranger avec cette matière! Le droit d'entrée est sur les machines, suivant l'espèce, de 16 1/2, ou de 33 p. 0/0, 10e compris; et celui sur la fonte de fer, avec laquelle on pourrait les fabriquer, est de 66 1/3 p. 0/0. Inconséquence inexplicable, si elle n'était dictée par le désir de favoriser les propriétaires de forges, ou plutôt ceux de forêts!

Mais le plus grand tort que ce système fasse à celles des industries qu'il ne protége pas, c'est d'empêcher les autres peuples d'en acheter les produits.

D'abord, souvent l'étranger exerce des représailles; il refuse nos marchandises, comme nous refusons les siennes. Dès que Colbert eût, par son tarif de 1667, prohibé les importations des autres nations et surtout de la Hollande, qui, la plus avancée alors dans la carrière de l'industrie manufacturière, comme dans le commerce de transport, approvisionnait presque toute l'Europe, la Hollande et les autres nations prohibèrent nos produits. L'Angleterre applaudissait, vers la même époque, à son parlement qui proclamait que le commerce avec la France était un mal; et, depuis 1673, elle persistait dans son éloignement pour toutes relations d'échanges avec nous. Pour se contenter de faits plus récens, la France a fermé ses frontières, ou imposé des droits énormes, à l'entrée des cotons filés, des cotonnades, des fers, et des quincailleries de l'Angleterre; des bestiaux, des laines et des houilles de la Belgique; des bestiaux de la Suisse et du Wurtemberg; des toiles, des papiers, des lins de la Hollande; des toiles de l'Allemagne; des sucres du Brésil, d'Haïti, de la Havane et de la Louisiane. A leur tour, l'Angleterre pendant un temps, la Belgique, la Suisse, le Wurtemberg, l'Allemagne, la Hollande, Haïti, la Havane, la Louisiane, le Brésil, ont usé de représailles à l'égard des vins, des eaux-de-vie, des huiles, des savons, des fruits secs, des soieries, des toiles peintes, et de tous les objets de mode, pour lesquels la France a une supériorité incontestable. Ne citant même que des actes plus directs, quand la France surtaxa, en 1826, les laines étrangères, les Etats Romains, l'Espagne, la Russie et l'Allemagne surtaxèrent nos draps. Nous voyons, dans la dernière enquête, les fabricans de draps attribuer à cette mesure la décroissance et les embarras de leur industrie. Craignons de nouveaux sujets de repentir, si nous résistons aux réclamations des divers peuples, notamment à celles de la Belgique et de l'Angleterre.

Supposant même que l'étranger consente encore à acheter également nos produits, il ne le peut plus, du moins au même degré. D'abord, il faut que ses navires partent ou que les nôtres reviennent de chez lui à vide ou avec des cargaisons d'autres pays: et cette surcharge sur les prix des transports l'éloigne de nos marchés. Mais, en outre et surtout, avec quoi peut-il payer nos produits? Avec les siens; directement, s'il nous les donne en nature, et indirectement, s'il nous donne l'argent qu'ils lui ont procuré. Mais les siens, nous n'en voulons plus; mais l'argent, nous en tarissons une des sources pour lui, en lui fermant notre pays : et si les autres sont suffisamment approvisionnés de ses marchandises, il y a pour lui impossibilité d'acheter les nôtres, sans nous vendre les siennes.

Les entraves qu'en 1809 l'Angleterre a mises à l'importation des bois par la Baltique ont fait tomber ses exportations, pour ces parages, de 842,000 tonneaux à 181,000. Combien les prohibitions établies par nous contre les bois et les fers exotiques n'ont-elles pas réduit nos exportations en vins et en eaux-de-vie! Pour favoriser nos bois, dont le produit annuel est estimé à 175 millions, nous avons sacrifié la prospérité de nos vignes, dont la récolte est évaluée à près d'un milliard; et l'on appelle cela protéger l'agriculture! — Notre sol nous donne, en grains, vins, fruits secs, au-delà des besoins de notre consommation et de celle des colonies; ce serait au-dehors que nous placerions cet excédant. Mais, si les étrangers ne peuvent apporter les articles qu'ils offrent en échange, il faut qu'il reste en France, où il occasione l'engorgement et la baisse.

La base des systèmes prohibitif et protecteur est donc de vouloir vendre sans acheter à ceux qui ne peuvent acheter qu'en vendant. S'il fait diminuer forcément l'exportation dans la même proportion que l'importation, il en résulte qu'il ne protége pas la production générale, mais seulement telle production. Il excite quelques industries, mais au détriment de toutes les autres, dont il arrête le développement; et au préjudice du public, auquel il fait payer plus cher directement les objets protégés, et indirectement les autres. Et les industries qui ont besoin de protection ne réussiraient pas abandonnées à elles-mêmes; tandis que, au contraire, celles qui sont grevées par la protection accordée à d'autres prospéreraient sous le règne de la liberté. Suivre ce système de protection c'est donc persévérer dans ce qu'on fait mal et négliger ce qu'on fait bien. Aussi les Anglais, disent-ils que, « si nous restons dans une telle voie, ils ne craindront pas plus notre concurrence que celle des Lapons. » Nous ne manquerons pas de nous récrier contre cette comparaison entre nous et pauvres sauvages. Ceux-ci, simples qu'ils sont, pour se procurer de l'eau-de-vie, donnent les pelleteries de leur pays : nous aurions voulu, sans doute, nous, cultiver la vigne au pôle, pour ne point payer de tribut à l'étranger et pour doter le pays d'une conquête. Nous sommes bien plus savans!

SECTION III.

INTÉRÊT DES INDUSTRIES PROTÉGÉES.

Les systèmes prohibitif et protecteur, funestes aux consommateurs et aux autres industries, sont-ils du moins utiles à celles qu'ils protégent? Non.

D'abord, souvent les mesures produisent un effet diamétralement contraire à celui qu'on se propose ; car il n'est pas donné à l'esprit humain de calculer tous les possibles, de combiner toutes les conséquences secondaires de plusieurs dispositions qui s'entre-croisent. Ainsi, le droit de 33 p. 0/0, mis en 1826 à l'entrée des laines exotiques, pour favoriser l'agriculture, lui a été fatale, par deux raisons. L'une est générale, et a été exposée plus haut : l'étranger, dont nous refusions les produits, a cessé de prendre plusieurs des nôtres. L'autre est spéciale : nos fabriques de draps, ne pouvant plus s'approvisionner de laines exotiques supérieures, sont déchues; et d'autres se sont établies et les ont surpassées dans des pays où ces laines ont été portées, comme en Angleterre, ou bien sont restées, comme en Espagne, en surabondance et à plus bas prix. Les nôtres alors, produisant moins, ont demandé moins de matières premières, même à notre agriculture. Il résulte des tableaux publiés par les chambres de commerce, que la moyenne des prix des laines de 1813 à 1823 est de 15 p. 0/0 plus forte que celle de 1823 à 1833.

Ensuite, l'on se trompe fréquemment d'objet; et les avantages que l'on croit accorder à une industrie dérivent vers une autre. C'est pour servir les maîtres de forges nationaux qu'on a surchargé l'entrée des fers étrangers; mais, nos mines de fer étant presque toutes dans le voisinage des forêts, il est arrivé qu'en surexcitant les forges, on a surexcité la consommation du bois, dont le prix, presque doublé, élevé dans la proportion de 18 à 30, depuis 1816, a absorbé les bénéfices des maîtres de forges; qu'ainsi, en définitive, ce sont les propriétaires de bois qui ont eu à s'applaudir de la mesure.

Quelquefois même l'erreur est plus fâcheuse, en ce que l'industrie qui se trouve protégée est uniquement celle de la contrebande. La dernière enquête le révèle pour la prohibition du coton retors des hauts numéros. « Il a été reconnu, » dit un fabricant de tulles, que ce coton, four- » ni par la filature française, était introduit en » contrebande; que ce coton, prétendu français, » était du coton anglais retors en France, mais » de mauvaise qualité. »

Ce n'est toutefois là qu'un effet particulier, une aberration. Admettons que la mesure porte réellement sur l'industrie qu'elle a en vue. Eh bien ! alors même, elle ne lui profite pas. Les capitaux se retirent des autres industries, pour se porter dans celle-ci, jusqu'à ce que les bénéfices se soient nivelés. C'est ce qu'on a vu pour les tissus de coton après la loi de 1816 : c'est ce qu'on a vu aussi pour les fers. En 1819, il n'y avait que 290 hauts fourneaux, donnant 1,140,000 quintaux de fer brut ; dix ans plus tard, on en comptait 393, dont le produit était évalué à 2,269,000 quintaux. Bientôt ainsi les dispositions protectrices sont inutiles aux producteurs. Elles ne tardent pas à leur devenir funestes. Ils s'exagèrent les effets de la protection, comme, dans le sens contraire, ils s'exagèrent ensuite ceux de son abolition. Les espérances sont plus grandes, les illusions plus fréquentes, les capitaux plus abondans, les bénéfices moindres et les désastres plus répétés. Par l'excès de capitaux et d'entreprises, quelle qu'en soit la cause, fût-ce une prospérité naturelle, les crises suivent inévitablement l'extrême développement de toute branche d'industrie. Mais elles sont bien plus terribles quand les bénéfices ne sont dus qu'à des moyens factices, à une protection qui, ôtant au producteur l'éveil de la concurrence étrangère, donnant, par le monopole, une véritable prime à la médiocrité, fait à la fois augmenter la quantité et diminuer la qualité des produits.

Un fabricant de tapis dit, avec une louable franchise, dans la dernière enquête : « Si je n'a- » vais pas eu derrière moi la concurrence belge, » ma fabrication ne se serait pas améliorée au » point où elle l'est aujourd'hui. Obligé de suivre » pas à pas la fabrication, pour soutenir la con- » currence, et n'ayant qu'un léger bénéfice, il » faut que je fasse mieux que les autres pour » soutenir ma maison. »

Un autre négociant s'exprime en ces termes : « Les filateurs français ont jeté un cri d'alarme, » lorsqu'on a permis l'entrée des numéros au- » dessus du n° 143 millimètres. Ils prétendent » que cette mesure a porté un coup funeste à leur » industrie. Je rappellerai, à ce sujet, à l'assem- » blée, un voeu qui a été formé par un de nos plus » fameux filateurs. Il disait : si l'on ne me donne » une prime de 5 fr. sur les n°s 143 et au-dessus,

» je m'oppose à leur introduction. Et voici le
» calcul qu'il faisait : un métier de 360 bro-
» ches file, en nos 30 à 40, 30 livres, me donnant,
» à raison de 75 c. par livre, 22 fr. 50 c. de
» bénéfice par jour. En nos 140 à 160, le même
» métier ne ferait que 5 livres ; il faut donc que
» je gagne 4 fr. 50 c. par livre, pour faire le pair.
» D'où il suit que les filateurs français ont pu
» abandonner les numéros fins, pour filer les
» numéros ordinaires, parce qu'ils font, sur ces
» derniers numéros, de larges bénéfices. Ainsi,
» ce n'est pas précisément parce qu'ils auraient
» rencontré une concurrence redoutable dans les
» numéros fins que quelques-uns les auraient
» abandonnés, mais parce qu'ils ont plus d'a-
» vantage à filer les numéros bas. C'est une
» nouvelle preuve que la prohibition, en assu-
» rant des bénéfices faciles, est un obstacle au
» perfectionnement. »

On relate également dans l'enquête cette réponse d'un filateur de coton à Barcelone, pays languissant aussi sous le système prohibitif : « Je
» gagne 40 à 50 p. 0/0 sur mes produits : pour-
» quoi voulez-vous que je me fatigue à chercher
» des améliorations? »

C'est quand une industrie est soutenue par une prohibition absolue que le dommage éprouvé par le consommateur est le plus grand. Si elle ne l'est que par des droits protecteurs, le dommage est quelquefois moindre; mais, pour le producteur ou le spéculateur, il en résulte une cause accidentelle de désastres. Lorsque les prix montent trop, la marchandise étrangère peut entrer en surabondance; et une baisse rapide succède à la hausse. C'est ce qui a eu lieu pour les laines, sous le droit de 33 p. o|o. Ces variations subites portent le trouble dans la production, le désordre dans les fabriques, la misère chez les ouvriers.

Enfin, dans les cas d'encombrement, il est, pour les industries non protégées, des débouchés extérieurs; il n'en est point pour l'industrie protégée, dont les produits sont moins parfaits ou plus chers que ceux de l'étranger. Les premières peuvent être gênées : celle-ci est tuée.

Ainsi, pour l'industrie protégée, pas d'avantages en temps de calme, dangers et mort en temps de crise : dès-lors, protection funeste pour elle, comme pour tout le pays.

Le véritable intérêt de la production spéciale, comme de la production générale, est donc dans le défaut des encouragemens, qui ne font que donner un stimulant momentané, pour lancer dans une voie de désastres plus éloignés. La liberté du commerce, au contraire, aide à prévenir les secousses commerciales, en ce que chaque pays, ne s'adonnant qu'aux genres de productions où il n'a pas d'infériorité, trouve facilement des débouchés.

L'expérience vient à l'appui de ces déductions strictes de la logique. Depuis 1667, que Colbert a établi son tarif, qui défendait l'importation des objets manufacturés de l'étranger, il n'en est pas seulement résulté qu'en France le prix de certains articles a été dans des proportions énormes au-delà de la valeur réelle, au-delà de ce que les payaient d'autres pays, surtout la Hollande et l'Angleterre ; il en est résulté encore que les industries protégées n'ont pas acquis de supériorité, et n'ont pas, en somme, donné de grands bénéfices à ceux qui s'y livraient. La République, le Consulat et l'Empire, par des hostilités nationales, se sont jetés dans les mesures de protections ou de prohibitions de l'Ancien Régime. La Restauration, pour plaire au peuple, fatigué du système continental, comme aussi pour favoriser l'étranger, à la suite duquel elle arrivait, fait d'abord la faute de se précipiter, sans transitions, dans la liberté commerciale, d'ouvrir brusquement ses ports et ses frontières aux produits exotiques. Mais bientôt, dans des idées erronées de politique et d'administration, et par ignorance des principes d'économie politique, elle fait la faute, non moins grave, de rétrograder, sans plus de ménagemens, vers les doctrines opposées. Enchérissant encore sur les gouvernemens précédens, elle prohibe certains articles admis jusqu'alors, tels que les bestiaux de la Suisse; elle charge de grosses taxes d'autres dont l'entrée était libre auparavant, comme les toiles de l'Allemagne ; elle décuple certains droits, par exemple celui sur les fers. Et ce système de l'Ancien Régime, de la République, du Consulat, de l'Empire, de la Restauration, et encore un peu du temps actuel, pour l'établir et l'étendre, on a employé tous les moyens, variés selon les époques. Blocus, prohibitions, confiscations, incendies des marchandises exotiques, primes, expositions, médailles, titres de noblesse, argent, honneurs pour les marchandises nationales, violence et séduction : on a essayé de tout; et rien n'a réussi, et pas une industrie n'a prospéré, et plusieurs ont été anéanties. Celles qui, sans secours, et ce sont précisément nos meilleures, faisaient un immense commerce d'exportation : les vins et les soieries, les papiers peints, l'ébénisterie, les objets de mode, languissent : et celles qu'on a voulu garantir de la concurrence étrangère : forges, filatures de coton, fabriques de draps, sucreries, et tant d'autres, se meurent. Raisonnemens et faits démontrent également qu'on pourrait, en vérité, poser ce problème : « Si l'on voulait ruiner l'industrie, quel moyen trouverait-on plus efficace que le système protecteur? » Et le problème resterait sans solution.

On dit de certaines industries que, si elles n'ont pas prospéré en ce sens qu'elles n'ont pas donné de grands bénéfices à leurs entrepre neurs, du moins elles se sont naturalisées dans le pays, par l'effet de la protection, sans laquelle elles n'y fussent point nées ; qu'elles ont ainsi procuré du travail et des avantages réels. C'est quelquefois vrai. Il n'est peut-être pas de système, quelque vicieux qu'il soit, qui, suivi, ne produise quelques bons résultats. Mais la question est celle-ci : A quel prix les donne-t-il? Ces industries protégées se sont établies; mais au préjudice de combien d'autres? Leur bénéfice en travail est de tant ; mais quels sacrifices ont-elles exigé du consommateur!

L'on objecte que l'industrie de l'Angleterre a réussi avec les systèmes prohibitif et protecteur. C'est encore vrai ; mais, comme l'a proclamé M. Huskisson, elle a réussi malgré ces systèmes. Ils ont eu réellement pour elle quelques heureux effets ; mais combien de mauvais! Et encore ces derniers ont-ils été contrebalancés par plusieurs causes particulières ; notamment par les débouchés qu'elle trouvait dans ses possessions de l'Inde et de l'Asie, et par les immenses développemens de sa marine. Au surplus, elle l'abandonne graduellement depuis 1820 : et ce sont ses progrès dans la voie de la liberté qui l'ont tirée de la crise commerciale qu'on a vu éclater à la fin de 1825.

SECTION IV.

INTÉRÊT DES CLASSES PAUVRES.

Nous ne venons d'examiner les systèmes prohibitif et protecteur que sous le point de vue commercial. Voyons-les sous les rapports sociaux et politiques.

Avec ces systèmes, moins d'échanges, moins de production, moins de travail, et baisse de son prix ; de plus, variations brusques dans les ventes des produits, et par suite, dans les salaires ; dès-lors crises de détresse : voilà pour le pauvre, considéré comme producteur. Comme consommateur, il souffre du renchérissement des objets ; et son mal double si ce renchérissement porte brusquement sur ceux de première nécessité. Plus ils sont chers, plus grande est la pénurie de l'ouvrier, plus il sollicite de l'emploi, plus l'offre du travail est supérieure à la demande, plus la main d'œuvre est au rabais. Le salaire est alors, en raison inverse des besoins de la classe ouvrière; et, s'il ne suffit pas pour la faire vivre; quels épouvantables malheurs peuvent en résulter pour la société ! Les luttes sanglantes de Lyon n'ont que trop témoigné de la vérité de ces principes.

SECTION V.

HARMONIE ENTRE LES DIVERSES BRANCHES DE LA PRODUCTION.

Les systèmes protecteur et prohibitif ont encore de très-mauvais effets politiques.

Opposés aux principes d'égalité et de liberté, bases de notre gouvernement constitutionnel, ils entretiennent des fermens de discorde entre les différentes provinces, dont les prétentions se combattent. Les industries des provinces frontières profiteraient surtout des avantages du commerce extérieur, et ont le plus à se plaindre des inconvéniens, des vexations et du renchérissement qu'entraînent les entraves qui lui sont imposées; tandis que celles de l'intérieur s'applaudissent, bien qu'à tort souvent, d'être garanties contre la concurrence étrangère.

Les haines naissent aussi, dans les mêmes localités, des distinctions arbitraires entre les industries, qu'il faut nécessairement favoriser tour à tour, quand une fois on a consenti à en favoriser une.

En général, les agriculteurs, plus disséminés et plus éloignés du siége du gouvernement que ne le sont les manufacturiers, ont moins de moyens de présenter leurs réclamations. Ils ont aussi moins d'adresse pour les faire accueillir; leurs habitudes, plus simples, les rendent moins propres à l'intrigue. Les manufactures obtiennent ainsi presque toujours les premiers encouragemens. Cela détourne les capitaux de l'agriculture, et empêche les améliorations, dont les conséquences seraient l'augmentation des produits du sol, l'abaissement de leur prix, et l'amélioration du sort des classes pauvres. Mais le propriétaire agricole finit par faire écouter ses plaintes; et, dans notre gouvernement constitutionnel où c'est surtout à la propriété foncière qu'est réservé le droit électoral, quand elle arrive à la Chambre, elle a soin de ne pas s'immoler. Ainsi, l'impôt foncier, en 89, était, y compris les dîmes, de 360 millions environ, sur 1,200 de revenu net, dès-lors de plus du 1/4 de ce revenu. Il fut réduit par l'Assemblée Constituante à 1/5. Il n'est plus aujourd'hui que de 245 millions, tant en principal qu'en centimes additionnels, sur un produit de deux milliards; c'est-à-dire moindre que le 1/8 de ce produit, et pas 1/2 de ce qu'il était en 89. Ainsi encore, la Restauration, après avoir soulagé cet impôt d'environ 60 millions, mit sur l'importation des laines exotiques un droit d'abord de 6 à 8 p. %, par la loi de 1820, puis de 33 p. % par celle de 1826, et augmenta celui qui frappait sur les blés et sur les bestiaux étrangers. La loi de 1822 porta à 50 fr. la taxe sur les bœufs, qui n'était que de 3 fr. sous le tarif de 91, c'est-à-dire 17 fois moindre. Et le reste du tarif fut refait dans les mêmes proportions. On a donné à l'agriculture, sur le marché national, des monopoles, qui ont fait monter ses produits. Sous la Restauration, le blé a renchéri de 4 à 5 fr. par hectolitre, la viande de 2 à 10 centimes par livre, le bois de près du double de son prix. Et cependant l'agriculture est encore bien moins favorisée que le sont de nombreuses industries manufacturières. Quelques-unes de ses branches, comme les vignes, sont même totalement sacrifiées.

Ainsi, le moyen employé pour faire justice d'un privilége accordé à quelques espèces de producteurs n'est pas de le supprimer, mais d'en créer de nouveaux, qui forment compensations au profit d'autres producteurs et surcharges pour les consommateurs.

Au total, l'agriculture souffre des monopoles manufacturiers, qui empêchent les étrangers de venir chercher ses produits, en échange de produits manufacturés, dont on prohibe ou entrave l'entrée. A son tour, elle fait, par ses monopoles, souffrir les industries manufacturières, qui ne peuvent plus acheter de l'étranger leurs matières premières. Après les lois dont nous venons de parler, de nombreuses fabriques d'étoffes de laines communes. pour le Levant, la Corse, l'Espagne, la Sicile et l'Italie, ont manqué, notamment dans le Midi, faute de pouvoir s'approvisionner dans l'Orient, l'Allemagne, la Suisse, et la Moravie.

Cette réaction n'a pas lieu seulement entre les deux grandes branches de l'industrie, l'agriculture et les manufactures. Elle se fait sentir entre leurs ramifications, entre l'agriculture des vignes et celle des céréales; entre toutes les industries partielles, qui ont toutes à régler un compte de charges et d'avantages. Souvent une industrie, très-privilégiée pour la vente de ses produits, est encore plus grevée pour l'achat de ses matières premières.

Ainsi, les fabricans de draps ont été plus lésés par le droit de 33 p. °/₀ sur l'entrée des laines exotiques que favorisés par les prohibitions ou les droits sur les draps. On demande, dans la dernière enquête, à un de ces fabricans, pourquoi les capitaux étrangers ne viennent par former des établissemens en France, où la prohibition protége la production plus qu'un droit ne le fait chez eux, par exemple, celui de 20 à 25 p. °/₀ en Belgique. Il répond : « Parce que vous avez, sur » les matières premières, des droits qui empê» chent les capitaux étrangers de trouver en » France les avantages dont ils jouissent dans » leurs pays. »

Ainsi encore, les fabriques de mousselines ont été beaucoup plus entravées par les prohibitions établies jusqu'à l'ordonnance du 28 juillet dernier, en faveur des filatures françaises pour les cotons des numéros élevés, et par les primes payées à la contrebande, qu'elles n'ont été soutenues par les prohibitions ou droits protecteurs contre les mousselines exotiques. Elles lutteraient sans désavantage avec ces dernières si les cotons filés de Manchester arrivaient librement en France.

Aussi toutes les industries, lésées, souffrantes, réclament-elles augmentation de leurs priviléges et diminution de ceux des autres. Grand nombre d'entr'elles renonceraient même volontiers au monopole, pour obtenir les bienfaits d'une liberté générale. En Angleterre, les principaux négocians et manufacturiers de Londres, afin de s'affranchir des lois sur les grains, ont, dès 1820, c'est-à-dire plusieurs années avant le ministère de M. Huskisson, attaqué, dans une pétition, le système des prohibitions. Mais, tant qu'il subsiste, toutes les industries se rendent mal pour mal, et toutes en causent au consommateur; et ce consommateur, c'est quelquefois, surtout pour les produits agricoles, l'indigent, dont le sort s'empire de toutes ces compensations de priviléges. Ce sont contradictions sur contradictions, désastres sur désastres. Le producteur ne gagne pas plus, quelquefois moins; seulement le consommateur paie tout plus cher.

Ce système met toujours en opposition les intérêts des diverses branches de la production, qui n'ont cependant, en réalité, qu'un seul et même intérêt.

Il importe d'insister sur ce point.

C'est avec les produits du sol que l'agriculteur achète ceux des manufactures : c'est avec les produits manufacturés que le fabricant se procure ceux du sol, qui sont pour lui matières premières : et ce sont ces deux genres de produits qui alimentent le commerce. Plus l'agriculture sera féconde, aura de produits, plus elle en pourra donner en échange au manufacturier : réciproquement, et par la même raison, le stimulant le plus fort pour l'agriculture, c'est la richesse des manufactures. Il y a corélation nécessaire entre toutes les industries ; et le même effet se manifeste de provinces à provinces, de nations à nations. Les terres qui avoisinent les grandes villes ne sont-elles pas celles dont le rapport est le plus grand et le prix le plus élevé? Si, par un nouveau développement de l'industrie manufacturière, la population de la ville s'accroît, n'y faudra-t-il pas plus de vivres, et les terres limitrophes n'augmenteront-elles pas encore de valeur? La prospérité de l'agriculture et celle de l'industrie réagissent donc l'une sur l'autre; et les deux influent sur celle du négociant, qui, dans une plus grande quantité de produits, trouve plus d'échanges à opérer. Les systèmes qui ont voulu favoriser l'une ou l'autre de ces branches de la production, ceux de Sully et de Colbert, outre qu'ils étaient faux, en ce qu'ils favorisaient, étaient étroits, en ce qu'ils ne voyaient chacun qu'une de ces faces diverses d'une seule et même chose. Aussi, un des notables commerçans de Paris disait-il avec raison à Colbert, protecteur de l'industrie manufacturière, succédant à Sully, protecteur de l'agriculture : « Lorsque vous êtes venu au ministère, » vous avez trouvé le chariot renversé ; et, depuis » que vous y êtes, vous l'avez relevé, pour le » renverser de l'autre côté. » — Et c'est précisément pour avoir renversé tour à tour, et chacun d'un côté différent, le char de la fortune publique que Sully et Colbert sont surtout honorés ! Les hommes, si souvent ingrats pour le bien, souvent aussi sont reconnaissans pour le mal qu'on leur fait. Encourageante compensation !

Cette réaction du bien-être des divers genres de la production, les uns sur les autres, fait sentir la cause des crises commerciales. Elle montre que, si elles s'opèrent par encombrement, cet encombrement ne résulte pas de ce qu'une industrie a été trop féconde, mais de ce que les autres ne l'ont pas été assez.

Dans tout commerce, on ne donne des produits qu'en échange d'autres, reçus directement en nature, ou indirectement en numéraire. Pour que des marchandises se vendent, il faut que d'autres, d'une espèce différente, se produisent, qui les achètent. Elles se servent toutes mutuellement de débouchés et de paiemens. Quand certaines surabondent, c'est donc parce que d'autres manquent pour les payer : et, par inverse, quand certaines sont rares et se vendent cher, d'autres sont en grande quantité et ne se vendent pas. Or, puisque la marchandise est à la fois offre et demande, il s'ensuit que la demande n'est bornée que par la production. Si donc, l'on produit ce qui n'est pas demandé, ou plus qu'il n'est demandé d'une nature d'articles, la production peut bien être regardée comme excessive dans cette branche, en ce sens qu'elle surpasse l'offre qui est faite d'autres articles en échange ; mais, en renversant la proposition, si l'offre d'autres articles est trop rare, c'est que la production n'en est pas assez forte ; en d'autres termes, c'est que, en fait, la production générale est trop faible. Nous disons, en fait : car, en théorie pure, on peut supposer les produits de chaque espèce tellement au delà des besoins de chacun que personne n'en veuille plus à aucun prix, et qu'ainsi il n'y ait plus intérêt à en augmenter le nombre. Mais notre mémoire ne nous rappelle, pas plus que notre prévision ne nous fait deviner, aucun peuple composé d'individus tous riches au-delà de leurs besoins. On peut encore supposer une stagnation de l'intelligence, d'un côté, et des besoins, de l'autre, d'où résulterait qu'il n'y aurait plus dans la société emploi utile pour de nouveaux capitaux. C'est possible chez des sauvages, qui, une fois possesseurs de quelques objets de première nécessité, ne veulent plus prendre la moindre peine pour rien acquérir : mais ce ne l'est pas dans l'état de civilisation, avec les développemens de l'intelligence et ceux de tous les besoins moraux qui y correspondent. Dès lors, s'il y a quelquefois disproportion accidentelle entre les diverses branches de la production, excès dans quelques-unes, il n'y a jamais excès dans la production en masse.

Néanmoins, comme la crise se fait sentir dans la branche qui a trop produit; comme, si des fabricans ne vendent pas, c'est pour avoir produit plus qu'il n'est demandé à cette branche, il est vrai de dire que la trop grande production de certaines marchandises est un mal réel pour ces individus. Mais il y a erreur à généraliser une proposition qui n'est juste que dans des cas spéciaux; à prétendre que la production générale est trop grande et que la trop grande production est un mal.

Répétons-le : si un produit ne se vend pas, c'est qu'il n'en existe pas d'autres pour l'acheter ; et l'encombrement dans un genre annonce toujours la disette dans d'autres. D'où cette conséquence : les diverses productions peuvent être disproportionnées, mais la production générale n'est jamais trop grande; elle est, au contraire, toujours trop faible. Delà cette seconde conséquence : le remède à l'encombrement partiel n'est pas dans la cessation, mais dans le changement de la production. Dès lors enfin cette conclusion, opposée aux distinctions admises par les systèmes prohibitif et protecteur : intérêt de l'agriculture, intérêt des manufactures, intérêt du commerce ne sont que les trois faces d'un seul et même intérêt, celui de la production, et il ne faut pas isoler ce que réunit la force des choses.

Et cependant, sous ces malheureux systèmes, les députés d'arrondissemens, agricoles et manufacturiers sont entraînés à réclamer des avantages spéciaux pour l'agriculture ou pour les manufactures. Ils se disent : puisque le mal de la protection existe, tâchons que nos arrondissemens en profitent le plus, ou en souffrent le moins possible. Députés de la France, voyons la question de plus haut. Efforçons-nous, non de faire profiter nos localités d'un mal, mais de le supprimer pour tout le pays.

Il nous reste à expliquer encore une autre confusion d'idées, qui anime contre la liberté commerciale une classe de producteurs, auxquels elle ne saurait nuire qu'autant qu'elle arriverait subitement. Nous voulons parler des fermiers. Dans les questions de douanes, ce n'est pas l'intérêt du fermier, mais surtout celui du propriétaire terrien qui est en cause. En effet, le prix de tout produit agricole représente l'intérêt du capital, le salaire du travail et le revenu de la terre. Si un placement de capitaux ou un genre de travail n'est pas aussi fructueux qu'un autre, capitaux et travail changent de direction. Il faut donc, de toute nécessité, qu'ils obtiennent dans les productions agricoles, sinon le même taux pécuniaire, du moins la même somme d'avantages, que dans les autres branches de l'industrie. Mais le propriétaire d'un fonds de terre n'en tire pas toujours un revenu. Il est beaucoup de fonds abandonnés, parce qu'ils ne rapporteraient pas les frais de culture, c'est-à-dire les intérêts des capitaux et le salaire du travail. Quand donc la loi intervient pour élever, directement ou indirectement, le prix d'un produit de la terre, ce n'est pas en faveur des intérêts et des salaires, ou, en d'autres termes, du capitaliste et du travailleur, qu'elle agit ; c'est en faveur du revenu du fonds, c'est-à-dire du propriétaire terrien.

SECTION VI.

INTÉRÊT DE LA MARINE.

La liberté commerciale doit être aussi envisagée par rapport à la marine.

Elle lui est beaucoup plus utile que ne le sont toutes les mesures des systèmes prohibitif et protecteur.

Celles-ci consistent dans des droits différentiels, et dans des primes à certaines pêches.

Les droits différentiels sont, comme le mot l'indique, des droits différenciés, d'après les circonstances, sur la même espèce d'objets. Ils sont de trois espèces. Les uns sont dits *selon la provenance*, c'est-à-dire suivant que les marchandises proviennent de tel ou tel pays ; les autres *selon le mode de transport*, c'est-à-dire suivant qu'elles sont transportées par terre ou par mer ; les derniers *selon le pavillon*, c'est-à-dire suivant qu'elles arrivent par des navires nationaux ou par des navires étrangers.

Ces trois sortes de droits ont évidemment pour résultat de diminuer le commerce extérieur. Mais ils ne sont pas irrationnels au même degré.

Le droit selon la provenance est de deux natures. Ou bien il se gradue sur la faveur, plus ou moins grande, que l'on veut accorder au pays d'où se tirent les marchandises : ou bien il se calcule en raison inverse de la distance, sur celles qui sont importées par des navires nationaux. Dans le premier cas, il est quelquefois une simple application du système protecteur, et, sous ce point de vue, nous n'avons plus à le combattre : d'autres fois, il rentre dans celui des traités de commerce, dont il a tous les inconvéniens, que nous exposerons plus bas. Dans le second cas, il se combine avec les droits selon le pavillon, et devient réellement une prime à la navigation nationale.

Le droit selon le mode de transport se fonde sur ce principe que le transport par mer coûte toujours moins que par terre, et permet de livrer à meilleur compte l'objet importé. Cela n'est pas toujours vrai, mais dépend des circonstances. Par exemple, c'est à tort que, sur le littoral, le droit sur les houilles étrangères est de 1 fr. 10 c. par quintal, tandis que, sur la frontière belge, il n'est que de 33 c. Mais, outre ces erreurs dans des applications spéciales, le droit selon le mode de transport, en général, a quelque chose d'inique. Les établissemens des industries protégées sont, le plus souvent, comme nous l'avons expliqué, situés dans le centre du pays; et les contrées du littoral sont ainsi, en raison de la distance, dans la nécessité d'en payer plus cher les produits : elles ne devraient pas être, en même temps, privées de la diminution de prix de transport dans l'achat des similaires de l'étranger.

Le droit selon le pavillon est évidemment fondé sur l'unique désir d'encourager la navigation nationale.

Cet exposé des divers droits différentiels montre encore plusieurs de ces contradictions perpétuelles dans lesquelles tombent les systèmes protecteurs.

N'est-il pas clair, en effet, que les droits selon la provenance et selon le pavillon, organisés dans l'intérêt de la navigation, sont contrariés par les droits selon le mode de transport, qui sont plus élevés si l'objet vient par mer?

N'est-il pas clair aussi que les excitans donnés à la marine sont également contrariés par les entraves mises aux échanges avec les autres peuples?

Autre contradiction encore. Quand l'utilité des colonies est contestée sous le rapport commercial, on réplique, qu'il en faut afin d'offrir à la marine des buts de promenades, qui forment des matelots pour l'Etat : comme aussi, quand la nécessité de la marine militaire, pour une puissance continentale, est révoquée en doute, on s'écrie qu'il faut une marine afin de protéger les colonies. C'est ainsi qu'ont toujours eu lieu les débats dans les Chambres. Parlez marine, et l'on vous répondra colonies; parlez colonies, et l'on vous répondra marine. Acceptons toutefois cet ordre de discussion. C'est pour encourager la marine que vous allez payer aux colonies votre sucre deux ou trois fois plus cher que vous ne le paierez dans l'Inde : eh bien ! alors pourquoi, en considération des sucres indigènes de betterave, exagérez-vous les droits sur les sucres d'outre-mer, même sur ceux de vos colonies, et entravez-vous ainsi les expéditions maritimes ?

Que de peines on se donne dans les faux systèmes, pour détruire d'un côté ce que l'on fait de l'autre ! Si bien que le *nec plus ultrà* de l'adresse y serait souvent de réussir à se neutraliser.

Mais, laissant toutes ces contradictions, n'arrive-t-il pas que l'étranger établit, par représailles, en faveur de sa navigation, des droits différentiels, comme vous en établissez en faveur de la vôtre ? Gênant ou prohibant l'entrée de ses ports, il vous nuit d'autant plus que vous avez plus de vaisseaux.

En résultat, ce système de protection pour la marine est d'autant plus funeste que l'on a plus de marine.

La liberté du commerce offrirait, au contraire, ici des avantages sans compensations.

D'abord, le plus fort stimulant pour la navigation est, sans contredit, dans la concurrence étrangère, dans la multiplicité des échanges.

Si l'on ne conteste point cette vérité en thèse générale, on demande une exception à l'égard des colonies, avec lesquelles le commerce, soutenu par des prohibitions ou des droits protecteurs, est, dit-on, propice à notre marine. Mais ne serait-elle pas également et même plus employée en allant chercher le sucre aux régions tropicales? Puisque là nous l'aurions à plus bas prix que dans les colonies, n'en consommerions-nous pas davantage : et notre marine, qui en aurait plus à apporter, ne serait-elle pas plus occupée et ne recevrait-elle pas un accroissement forcé?

Puis, par les développemens que le commerce prendrait, avec le temps, sous le régime de la liberté, il formerait assez de bons marins pour que l'on pût abolir les primes aux pêches de la morue et de la baleine. Ces primes sont insoutenables comme opérations commerciales; car les Anglais et les Américains nous enverraient les produits de ces pêches à bien meilleur marché qu'ils ne nous coûtent par ces encouragemens. Elles sont défendues uniquement comme écoles de matelots. Mais ils nous reviennent, par ce moyen, à plus de mille francs d'engagement, par tête. La meilleure école de matelots est la marine marchande, quelque commerce qu'elle fasse, celui de l'étranger ou celui de cabotage. C'est dans la marine marchande, surtout dans celle de cabotage, que l'Angleterre prend les siens.

Notre marine trouverait encore une autre cause de progrès dans la liberté du commerce, en ce que, soulagée des surtaxes qui la grèvent dans l'achat de ses matériaux, le bois, le fer, le cuivre, le goudron, la toile, les cordages, elle pourrait opérer des perfectionnemens et des économies, qui lui permettraient de soutenir la concurrence avec celle de l'étranger. Les délégués du commerce maritime déclarent que ce qui contribue à la cherté de notre navigation, c'est surtout le haut prix du fer. — Dans la dernière enquête, on lit ce curieux débat : « Est-ce bien, dit un fa-
» bricant prohibitioniste, à cela (la prohibition)
» que tient le malaise de ces ports (ceux qui récla-
» ment la liberté du commerce)? Ne serait-il pas
» permis de leur adresser à eux-mêmes quelques
» reproches? Nos relations avec des négocians
» de l'étranger nous ont mis à même de con-
» naître des faits affligeans pour notre commerce
» maritime. Pourquoi, des navires qui apportent
» les cotons pour notre consommation, les trois
» quarts sont-ils américains? Pourquoi sont-ce
» les mêmes Américains qui viennent chercher
» nos produits à Marseille? Comment se fait-il
» que, sur 150 navires qui viennent charger
» à Cette les 40,000 pipes de vin qui s'expé-
» dient de ce port pour le Brésil, il n'y en ait
» qu'un douzième de français? Pourquoi faut-il,
» quand il y a quelques exportations un peu
» importantes de marchandises fabriquées, que

» ce soit le fabricant lui-même qui les expédie, » à quelques exceptions près? Et pourquoi ne » trouve-t-on pas, dans nos ports, de ces maisons » intermédiaires, si nombreuses en Angleterre, » qui connaissent les besoins, les goûts des dif- » férens peuples, et vont leur porter les produits, » en ayant soin de se conformer à leurs conve- » nances, à leurs habitudes? De cette manière, » nos produits trouveraient des débouchés qu'ils » n'ont point, et les armateurs trouveraient de » belles affaires. Le grand tort du commerce » maritime français est de ne s'occuper que du » fret, et de ne point penser à y joindre des af- » faires commerciales et industrielles, plus uti- » les et pour lui et pour nous. » Ce à quoi un négociant d'un port de mer répond : « Les négo- » cians des ports de mer savent, aussi bien que » ceux de l'intérieur, faire les calculs qui peu- » vent leur être avantageux; aucun d'eux ne » négligera, par routine, l'occasion d'un fret » avantageux. Pourquoi le négociant de Cette » charge-t-il ses vins sur des navires étran- » gers? C'est parce que ceux-ci lui donnent le » fret à meilleur marché que les navires français. » Mais pourquoi le fret des navires français est-il » plus cher? C'est que la navigation française est » bien plus grevée de charges que la navigation » étrangère; c'est qu'en France il y a des droits » très-forts sur les bois de construction, sur le » fer, sur le cuivre, sur le goudron, sur les

» objets qui entrent comme élémens dans la
» construction d'un navire. Il en résulte que
» l'expédition des navires est nécessairement
» plus dispendieuse en France qu'à l'étranger.
» Voilà pourquoi les navires américains trans-
» portent du coton au Havre, et les navires
» étrangers portent nos vins au Brésil. Cepen-
» dant il faut convenir que la navigation fran-
» çaise n'est plus aussi chère qu'elle l'a été; le
» fret a diminué depuis quelques années; mais
» la différence qui subsiste encore par rapport
» au fret étranger provient des charges que les
» armateurs français sont obligés de supporter. »
Un autre négociant ajoute : « Un capitaine de
» ma connaissance arme en ce moment, au
» Havre, un navire pour la mer du Sud. En-
» tre autres objets d'assortiment, il emporte des
» cordages de navires. Il a voulu acheter cet
» article en France; mais les prix en sont trop
» élevés. Il a été obligé de s'approvisionner en
» Hollande, où il obtient à 29 et 30 fr. par
» quintal ce qu'il paierait en France 42 à 43 fr.
» Les cordages formant, comme chacun sait,
» une partie importante de la dépense d'équi-
» pement et d'entretien d'un navire, la diffé-
» rence des prix que je viens d'indiquer fait
» voir au conseil quel est sur ce point le dés-
» avantage des armateurs français. »

Il est difficile de rien dire qui démontre mieux comment les systèmes prohibitif et protecteur nuisent à la marine, par le renchérissement des matériaux. Nous avons montré aussi comment ils lui sont désavantageux par la diminution des échanges avec l'étranger. La liberté du commerce serait pour elle bien préférable à tous nos prétendus encouragemens.

SECTION VII.

INTÉRÊT DU FISC.

Comme moyens fiscaux, les systèmes opposés à la liberté du commerce sont-ils du moins pour le trésor une cause de richesses? Evidemment non.

A l'égard du système prohibitif, il est bien clair qu'il n'y a pas de droits d'entrée à percevoir sur les marchandises dont on ne permet pas l'entrée.

Quant au système protecteur, qui, au lieu de prohiber, se contente de charger de forts droits les produits exotiques, ce qu'il procure au fisc est loin d'être en rapport avec l'élévation des droits. D'abord, la consommation des objets diminue en raison directe de l'augmentation de l'impôt, et souvent plus qu'en proportion arithmétique. Qu'une classe d'individus n'ait que telle somme de superflu à consacrer à ses jouissances, et qu'elle la mette en achats de tels produits exotiques ; si vous augmentez la taxe sur ces produits, toute cette classe va quelquefois reporter ailleurs la dépense de son superflu. L'effet contraire se manifeste par l'abaissement de l'impôt. Toutes choses égales d'ailleurs, les importations et les recettes montent en proportion de cet abaissement. Les exemples se présentent en foule dans les tableaux de douanes pour prouver cette vérité; et ceux qui paraîtraient la contrarier tiennent à des variétés de circonstances. Il est inutile d'étayer de citations un principe devenu axiome.

De plus, si le droit est trop haut, la contrebande en soustrait une grande partie au trésor.

Ajoutons que les prohibitions et les droits protecteurs, en altérant l'aisance du pays, tarissent la source de toutes les impositions foncières, des patentes, du mobilier, des portes et fenêtres, et arrêtent le mouvement ascensionnel des classes inférieures.

En un mot, on a dit avec raison que, en fait d'impôts, 2 et 2, au lieu de faire 4, ne font souvent que 1.

SECTION VIII.

DE LA CONTREBANDE.

Nous venons de résumer les maux des systèmes prohibitif et protecteur. Mais heureusement ces systèmes ne peuvent produire tout leur effet; heureusement ils sont, en partie, éludés par la contrebande. Et combien ils sont funestes, puisqu'ils font regarder la contrebande comme un bienfait commercial; la contrebande, cette école de démoralisation, d'autant plus dangereuse que, offrant un résultat d'utilité, elle est vue sans défaveur par les populations! Détestant le douanier, et soutenant le contrebandier, souvent elles sont entraînées de la violation des mauvaises lois au mépris des lois en général; souvent elles coopèrent aux attaques contre le premier, aux délits et aux crimes du second, et s'associent à cette fatale industrie, que l'habitude de la fraude et la nécessité de la lutte rendent une pépinière de voleurs et d'assassins. Mais, en économie politique, et c'est le seul point de vue sous lequel nous ayons à l'envisager dans cet écrit, la contrebande, loin d'être un mal, est le remède aux maux des systèmes prohibitif ou protecteur.

Il est avoué, dans des exposés de motifs de lois, que les prohibitions contre les cotons filés, dans les hauts n^{os}, n'ont abouti qu'à faire approvisionner par la contrebande les fabriques de mousselines de Tarare; et que chaque année a vu s'introduire en France de 100 à 150,000 montres de Suisse, sur lesquelles est établi un droit élevé. Au surplus, sur tous les objets où elle trouve bénéfice, la contrebande se fait en grand, et ouvertement. Elle a son cours:

10 p. 0/0 sur les cachemires de l'Inde; 5 et 12 sur l'horlogerie et la bijouterie; 18 à 30, pendant un temps, sur les cotons filés; 15 à 18 sur les toiles anglaises, etc.; le tout suivant les frontières, les saisons, et l'état de clôtures des villes. A Paris, par exemple, pour les marchandises d'un petit volume, la prime est de 25 à 30 p. 0/0. D'après le rapport du Directeur général des Douanes, du 30 juillet 1831, par le moyen de chiens, que, depuis 1825, on a dressés à ce manége, on a introduit sur les frontières de l'est de la France plus de 2,000,000 de kil. de marchandises; et la douane ne peut guère tuer de ces animaux que 1 sur 75. Les principaux objets de la fraude sont les tabacs, les denrées coloniales, les tissus et les fils de coton. En fils anglais seulement, elle fournit annuellement à la France pour 10,000,000 de francs. Un fabricant s'exprime en ces termes dans l'enquête: « Avant l'ordonnance » du 28 juillet dernier, la prime d'assurance était » de 25 à 30 p. 0/0. Il paraîtrait qu'alors les frau- » deurs n'avaient pas organisé les moyens dont » ils disposent maintenant; car cette prime » est baissée considérablement. Aujourd'hui on » fraude, dit-on, à moins de 10 p. 0/0. » M. le Ministre du commerce, en présentant le projet de loi des douanes de 1832, s'exprimait ainsi, page 42: « Cette contrebande, si facile » lorsqu'il s'agit d'objets qui présentent, comme » le coton filé, une grande valeur sous un petit

» volume, est devenue, de fait, tellement patente » que ceux dont elle alimente les ateliers n'en » font aucun mystère; et l'administration a été » forcée, en 1820 (séance du 24 avril), d'a- » vouer à cette tribune qu'elle s'abstenait, » malgré la loi de 1816, de saisir les cotons » introduits en fraude, lorsqu'une fois ils étaient » parvenus dans les fabriques de Tarare. » Dans la dernière enquête, on aura remarqué aussi cet interrogatoire : « D. Avant l'ordonnance du 28 » juillet dernier, qui a remplacé la prohibition » par des droits, c'était la contrebande qui vous » fournissait le n° 143? R. Oui; je m'adressais » à quelqu'un qui faisait ces sortes d'achats, et » qui me fournissait ce qui m'était nécessaire. D. » C'était une espèce d'entrepreneur de contre- » bande? R. C'était un fournisseur, un mar- » chand de coton. Depuis la tolérance de M. de » Villèle, en 1827, ces sortes de dépôts étaient » permis à Tarare, pour les n°s 162 anglais et » au-dessus. »

Si donc les objets prohibés ou surchargés de droits ne sont pas d'un poids et d'un volume trop grands, comparativement à leur valeur, le pays ne se les procure pas moins; seulement il ajoute à leur prix la prime de la contrebande. Et cette prime, c'est à l'étranger qu'il la paie; car celui-ci, qui a les articles chez lui, trouve plus de facilités pour les apporter que le national pour les aller chercher, et se charge dès-lors de la contrebande.

SECTION IX.

RÉSUMÉ.

En résumé :

Privation, plus ou moins complète, ou renchérissement des produits étrangers prohibés ou surchargés de droits; renchérissement des similaires indigènes; renchérissement d'autres objets à la production desquels ils auraient servi; dommage aux industries nationales non protégées; dommage même à celles qui le sont; contradictions nombreuses; priviléges et injustices; d'où mécontentemens d'industries à industries, et de localités à localités; diminution des travaux; baisse du salaire; tort à la marine; frais énormes pour le trésor; souvent aussi, par la trop grande élévation des droits, abaissement de recettes; et, pour couronner l'œuvre, contrebande : tels sont les résultats des systèmes prohibitif et protecteur. Et qu'ils sont compliqués, ces systèmes! Que de combinaisons, que de surveillance, que de dépenses, pour n'enfanter qu'appauvrissement et démoralisation!

CHAPITRE IV.

RÉFUTATION DES MOTIFS QUI ONT FAIT ADOPTER LES SYSTÈMES PROHIBITIF ET PROTECTEUR.

Passons maintenant en revue les motifs sur lesquels s'appuient les systèmes prohibitif et protecteur. Ils se réduisent à ceux-ci :

Éviter de payer un tribut à l'étranger;

Obtenir une balance favorable de commerce;

Nuire aux autres peuples;

Assurer de l'emploi aux capitaux nationaux;

Crainte de manquer, dans certaines circonstances, des objets qu'on ne produirait pas soi-même;

Crainte de voir ses marchés inondés de marchandises exotiques au rabais, et la production indigène annihilée par cette concurrence.

SECTION Ire

DÉSIR DE NE POINT PAYER DE TRIBUT A L'ÉTRANGER.

Le tribut payé à l'étranger n'est qu'un non-sens. Quoi! lorsque j'achète de l'étranger moyennant 1 ce qui me coûterait 4 à produire, je suis son tributaire, en gagnant avec lui 300 p. °[o! Il faut alors renoncer à tous les avantages de la division du travail. Il faut que chacun, au lieu de demander aux producteurs spéciaux les divers objets dont il se sert, les fasse lui-même : qu'il commence par apprendre tous les arts et tous les métiers, par se procurer tous les ustensiles. Pour cela, il lui suffira de connaissances universelles, de moyens inépuisables, de forces infatigables, de patience à toute épreuve, de temps illimité; et, en définitive chaque objet lui coûtera plus cher et sera moins bon. Alors personne ne paiera de tribut à personne. Nous l'avons démontré : le désir de se suffire à soi-même n'est pas plus raisonnable chez un peuple que chez un individu. S'il est vrai que chaque pays, en raison de son sol, de son climat, de sa situation, de ses habitudes, d'une foule de circonstances, est surtout apte à telle production, il s'ensuit qu'il doit s'y livrer de préférence, pour en tirer parti au moyen des échanges. Et, s'il est vrai encore que nous ne pouvons payer nos achats qu'avec nos produits ou avec le prix de leur vente, il faut reconnaître qu'acheter de l'étranger ce qu'il fait mieux que nous ou à meilleur marché, ce n'est pas nuire à notre production ; c'est, au contraire, la favoriser ; car elle abandonne alors les articles où elle réussit moins bien, pour s'adonner à ceux où elle obtient plus de succès.

Mais malheureusement cette phrase : *N'être point tributaire de l'étranger*, joint à quelque sonorité un certain air de calcul et de patriotisme ; aussi l'idée qu'elle exprime a-t-elle fait fortune. Il n'en faut souvent pas tant pour propager une erreur.

SECTION II.

RECHERCHE D'UNE BALANCE FAVORABLE DU COMMERCE.

Les mots de *balance du commerce* sont aussi vides de sens que ceux de *tribut à l'étranger*.

La question intéressante pour tout échangiste est de savoir ce que lui procure le marché, et non ce qu'en retirent les contr'échangistes. Il ne devrait donc s'occuper que d'une évaluation absolue, par rapport à lui seul, et non d'une relative, par rapport aux autres. Mais, comme les peuples sont souvent en guerre ou sur le point d'y être, ils se croient intéressés à ne se faire réciproquement aucun bien. Chacun d'eux examine alors, dans les échanges, les bénéfices qui en reviennent à lui et aux autres peuples; et, d'après cette comparaison, est établie ce qu'on appelle la balance du commerce.

Nous traiterons, dans le chapitre suivant, de ce désir de s'entre-nuire. Montrons seulement, dans celui-ci, que toutes les recherches relatives à la balance du commerce sont complétement insignifiantes.

Nous ne nous arrêterons pas à expliquer comment on se trouve dans l'impossibilité de bien calculer le commerce des divers pays. Les évaluations fautives de la part de ceux des expéditeurs qui, n'ayant pas de primes à recevoir, n'ont aucun intérêt à l'exactitude; l'omission ou la fausseté des déclarations de la part des négocians qui, voulant introduire frauduleusement des marchandises en d'autres pays, ne les font pas connaître en sortie à la Douane du leur, pour ne pas donner l'éveil à celle de l'étranger; les estimations atténuées par d'autres sur les produits dont l'entrée est assujétie à de forts droits; par inverse, les estimations exagérées sur les articles qui jouissent de restitutions de droits ou de primes d'exportations; enfin les importations par contrebande: ce sont là autant de causes d'erreurs inévitables dans les registres des Douanes. Au total, ils montrent toujours les importations plus faibles, et les exportations plus fortes qu'elles ne le sont; tellement que, d'après la remarque de plusieurs économistes, si l'on s'en rapporte aux tableaux publiés par les divers gouvernemens, il est tel pays, l'Angleterre par exemple, qui devrait avoir dans son sein toute la monnaie métallique circulante dans le monde. Nous voulons bien néanmoins admettre comme incontestables des chiffres évidemment fautifs; nous nous contentons de discuter les principes du système.

Le besoin qu'on a d'une chose plus que d'une autre est la mesure de leur valeur, et le motif des échanges. Ils sont donc avantageux pour tous les contractans. Il sera possible que, en cas de ventes ultérieures, l'un retire moins que l'autre des objets qui lui auront été livrés : mais le marché lui aura néanmoins profité, puisque les marchandises par lui reçues avaient, sinon pour les autres, du moins pour lui, plus de valeur que celles dont il s'est dessaisi. Or, les tableaux d'importations et d'exportations, ne pouvant tenir compte de l'utilité dont chaque article est pour chaque échangiste, ne donnent aucune idée exacte sur la somme d'avantages que le commerce a procurés aux divers peuples, sur la balance du commerce. Cette balance, considérée d'une manière absolue, est, comme nous venons de l'expliquer, toujours favorable à tous les échangistes.

Les tableaux pourraient seulement montrer

comment, sous le point de vue des valeurs vénales, le seul qui soit appréciable, elle doit, considérée d'une manière relative, être dite plus favorable à l'un qu'à l'autre.

Mais, afin d'atteindre ce résultat, il faudrait qu'ils prissent pour base de calculs la valeur vénale de tous les objets donnés et reçus, et non leur nature. C'est cependant cette dernière base qu'ils ont adoptée. La raison défendrait surtout de ne tenir compte que d'un seul, et de mettre les autres à néant : et c'est cependant encore ce qu'on a fait. On a choisi une seule espèce de choses, et l'on s'est uniquement occupé de savoir s'il en entrait plus dans le pays qu'il n'en sortait. Voici comment on a été conduit à cette manière d'opérer. La monnaie métallique est étalon conventionnel de valeur pour toutes les autres marchandises, et dès-lors signe de la richesse : de fausses idées sur les métaux précieux l'ont fait regarder comme la richesse même; et le peuple qui, chaque année, en a reçu le plus, est proclamé comme ayant en sa faveur la balance du commerce. On ne recherche pas si les nations avec lesquelles il a traité ont obtenu une plus grande valeur d'autres marchandises. Et c'est ce qui arrive toujours; car comme, dans un échange, on ne reçoit pas sans donner, à un excédant d'importations en argent doit répondre un excédant d'exportations en marchandises.

On le reconnaît. Mais c'est précisément là ce dont on s'applaudit ; au point que, dans le langage usuel, les mots *d'excédant* d'exportations en marchandises sont pris comme synonymes de ceux de *balance favorable du commerce*. S'il est incontestable que les exportations non suivies de retours sont des pertes, il faudrait dire, au contraire, que tout le bienfait du commerce extérieur est dans le nombre et la variété des importations. Que, sur des échanges d'une valeur de 250 fr. entre deux pays, l'un ait reçu 75 fr. en argent et 25 en marchandises, au total 100 fr. ; et l'autre, 50 en argent et 100 en marchandises, au total 150, les partisans de la balance du commerce soutiennent que le premier a un avantage de 25 ; tandis que, dans la réalité, c'est le second qui en a un de 50. Les Etats de l'Amérique du nord sont peut-être, de tous les peuples, ceux dont le commerce est le plus prospère ; et ce sont ceux dont l'excédant d'exportations en marchandises est le plus fort.

On a donc bien tort de croire une nation d'autant plus riche qu'elle possède plus de monnaie métallique. L'assertion opposée, toutes choses égales d'ailleurs, serait plus vraie. D'abord, un pays en a toujours autant, et n'en a jamais plus qu'il ne lui en faut pour ses transactions. S'il en a moins, elle hausse de prix ; et l'étranger, qui trouve profit à la lui vendre, lui en apporte. S'il en a plus, elle baisse ; et il l'exporte là où elle est plus recherchée. Pour la monnaie métallique, comme pour toute marchandise, le besoin est la mesure de la valeur; et le niveau s'établit entre toutes les contrées.

Nous allons plus loin. Il faut distinguer dans la monnaie métallique la matière et l'empreinte. Comme matière, elle est marchandise : comme empreinte, elle est signe. Si l'on pouvait faire en sorte que le signe subsistât après qu'on en aurait séparé la matière, on emploierait celle-ci à d'autres usages, et l'on n'aurait aucune valeur dormante. C'est ce qui a lieu par la création du papier-monnaie. Un pays est donc d'autant plus riche qu'il conserve moins de monnaie métallique; qu'il y supplée davantage par le crédit. La prédominance du papier-monnaie, volontairement accepté, n'est pas seulement l'effet de la richesse, en ce qu'elle est le résultat du crédit; elle n'en est pas non plus seulement cause, en ce qu'elle multiplie les capitaux; elle en est encore cause en ce qu'elle permet de ne pas absorber des métaux d'une manière improductive. L'Angleterre est à la tête de l'industrie; c'est le pays qui a fait les plus grands pas dans la carrière des applications utiles; et c'est celui qui a en circulation le moins de monnaie métallique. On sent que nous n'abordons pas ici les questions qui se rattachent aux banques, ou à la quantité et à la diversité des papiers-monnaies.

Une autre réflexion vient encore saper le système de la balance du commerce : c'est que l'utilité des monnaies ne consiste, sauf le change, que dans leur emploi pour l'achat d'autres marchandises. Il s'ensuit que, pour une nation, il vaut beaucoup mieux recevoir ceux-ci directement en échange que d'avoir ensuite à se les procurer avec des monnaies; en d'autres termes, qu'elles sont le remboursement le moins fructueux qu'elle puisse toucher, en retour de ses ventes à l'étranger. Un particulier qui veut seulement se défaire d'un article, un négociant qui ne vend qu'une espèce de produits, ne peuvent, en général, en prendre d'autres en échange. Ils préfèrent l'argent, type universel de valeur, et dès-lors toujours facilement échangeable contre tous objets. Mais une nation, vendant ou consommant des produits de toutes natures, peut les accepter tous en paiement.

Egaré dans cette recherche d'une balance favorable de commerce, chaque gouvernement a eu seulement en vue de faire en sorte que les négocians de sa nation retirassent de l'étranger, non des valeurs supérieures à celles qu'ils envoyaient, mais plus de métaux précieux qu'ils n'en donnaient. Par suite, il a défendu la sortie de ces métaux, et a arrêté ou entravé les échanges avec les pays d'où on en importait moins qu'on n'en exportait. Toutes ces mesures, funestes sous d'autres rapports, comme nous l'avons déjà expliqué, poursuivaient ici la réalisation d'une chimère.

Concluons : l'idée de la balance du commerce est un véritable non-sens; l'adoption d'une seule marchandise pour point de comparaison, une erreur ; et le choix de la monnaie métallique pour marchandise de comparaison , une erreur plus grande encore. Et cependant, telle a été la cause de tant de mesures désastreuses et de tant de guerres acharnées! C'est pour des mots mal compris qu'on s'est battu , et battu, comme d'ordinaire, avec d'autant plus de fureur qu'on se comprenait moins !

Quand notre gouvernement répudiait ces rêveries , c'est avec peine qu'on a pu voir une des commissions de la dernière législature recueillir ce triste héritage, et s'exprimer ainsi, dans son rapport : « La nation la plus riche est celle qui exporte le plus et importe le moins ». D'où il suit, ont répondu MM. Villers et Bowring , que le meilleur moyen de s'enrichir pour une nation serait de jeter pour rien ses produits hors de ses frontières. Mais ce n'était pas précisément là ce que voulait dire la commission : elle pensait simplement qu'un peuple doit importer le moins possible en marchandises étrangères et le plus possible en argent. Elle ne faisait que s'en tenir à la balance du commerce ; c'était bien assez !

SECTION III.

TORT A FAIRE AUX AUTRES PEUPLES.

Les divers pays doivent être envisagés de l'un à l'autre, sous le rapport des éventualités de guerres; et isolément, sous le rapport intérieur.

Sans doute, sous le premier point de vue, chacun a intérêt à affaiblir, et dès-lors à ne pas enrichir celui qui est ou peut devenir ennemi. C'est ainsi que, surtout en haine de la Hollande, de sa politique, de sa marine et de son commerce de transport, fut rendu, par le parlement républicain de Cromwell, le fameux acte de navigation de 1651. Cet acte, comme on le sait, défendait notamment l'admission des navires étrangers dans les colonies anglaises; l'importation en Angleterre des produits d'Asie, d'Afrique et d'Amérique, par d'autres vaisseaux que ceux des Anglais; et l'importation de certains articles volumineux d'Europe, dits *énumérés*, autrement que par la marine de l'Angleterre ou de la nation qui les produisait. C'est ainsi encore que Napoléon avait conçu le système continental. Ces deux mesures étaient politiques, plutôt que commerciales. En Angleterre, plusieurs bills ont successivement modifié l'acte de navigation en ce qui concerne le commerce; et ce qui en est conservé ne l'est que dans la crainte de nuire à la puissance maritime du pays, crainte dont nous n'avons pas ici à discuter la justesse. En France, le système continental s'est vite évanoui. Si l'on présente les prohibitions comme actes de guerre, comme sacrifices faits par le pays pour ruiner le commerce du peuple ennemi; alors soit. Il peut être bon quelquefois d'employer un tel moyen; comme il faut, dans un combat, savoir perdre quelques bataillons, pour gagner la victoire. Mais heureusement cet état d'hostilité tend à devenir de plus en plus exceptionnel. Plus les gouvernemens constitutionnels s'établiront, plus les guerres n'auront lieu qu'autant qu'elles conviendront aux représentans nationaux, maîtres de refuser les subsides; plus dès-lors elles n'éclateront qu'autant qu'elles seront dans l'intérêt des peuples. C'est dire qu'elles deviendront de plus en plus rares.

Sous le second point de vue, celui de l'intérieur, nous répéterons ici de peuple à peuple le raisonnement que nous avons fait d'industrie à industrie. Puisque c'est la production qui sert de débouché à la production, les marchandises d'un pays ne peuvent s'échanger que si d'autres ont été produites ailleurs qui les achètent. Chaque pays a donc intérêt à ce que ses voisins soient plus riches; car, plus riches, ils auront plus d'objets échangeables; et plus ils en auront, plus le prix en baissera, plus ils en donneront pour la même valeur. Un fabricant fera-t-il fortune s'il ne compte dans ses chalands que de pauvres gens, qui n'auront rien à lui offrir pour ses produits? Une nation prospérera-t-elle par le commerce, si elle n'a de relations qu'avec des pays incultes et sauvages? Grace à Dieu, notre bien-être n'est pas placé si haut que nous ne devions l'obtenir au prix du mal de nos semblables. Tout au contraire, en économie publique, nous sommes riches de la richesse, comme en morale nous sommes heureux du bonheur d'autrui.

SECTION IV.

INTENTION D'EMPLOYER LES CAPITAUX NATIONAUX.

Les systèmes prohibitif et protecteur ont encore pour but d'assurer de l'emploi aux capitaux nationaux, en nous forçant à produire nous-mêmes les espèces d'objets que, sous le régime de liberté, nous tirerions de l'étranger. Mais, d'abord, est-ce qu'il ne reste pas toujours dans un pays, pour les capitaux, des emplois utiles, inépuisables; comme des routes, des canaux, des perfectionnemens agricoles ou manufacturiers? Et ensuite, s'il est vrai que l'étranger ne nous donne pas ses marchandises pour rien, il en résulte que, avec la liberté, nos capitaux trouvent emploi à créer les produits qu'il prend de nous en échange. Il y a seulement cette différence, déjà démontrée, que, sous les systèmes prohibitif et protecteur, il faut effectivement beaucoup plus de capitaux pour produire chez soi des articles prohibés ou surtaxés, que pour les acheter de l'étranger; en d'autres termes, que l'on paie plus cher ce que l'on pourrait se procurer à meilleur marché. Dans cette théorie, l'emploi le moins productif des capitaux serait le sublime des conceptions; et le tonneau des Danaïdes le chef-d'œuvre de l'art! . . .

SECTION V.

CRAINTE DE MANQUER DE CERTAINS OBJETS.

La crainte de manquer, dans quelques circonstances, de certains objets, est encore un des motifs qui portent à exclure la production étrangère, afin d'encourager la nationale.

D'abord, en thèse générale, c'est un fort mauvais calcul que de s'imposer des sacrifices continuels, de peur d'éprouver quelques privations accidentelles. Ensuite, il est bien rare que le commerce, si on le laisse libre, n'apporte pas à un pays tous les articles que réclame la consommation.

Mais, admettant que les inquiétudes, à cet égard, soient fondées, il faudrait, ce nous semble, faire une distinction.

S'agit-il de choses dont on puisse s'approvisionner, qui se gardent facilement, la plus simple prévision suffit contre les inconvéniens d'un défaut momentané d'arrivage; et quelques achats de précaution sont moins onéreux que l'habitude de payer plus cher à l'industrie nationale ce que l'étranger livrerait à meilleur marché. Mais, s'il est question d'objets absolument nécessaires, qu'on ne puisse se procurer convenables au jour du besoin, ni conserver sans détérioration, par exemple, de chevaux de cavalerie, il faut alors se résigner à les demander à la production indigène. Toutefois, n'oublions pas que c'est là, non une mesure prescrite par l'économie politique, mais un sacrifice fait au soin de la défense du pays; et n'érigeons pas l'exception en règle.

SECTION VI.

CRAINTE DE SURABONDANCE DES MARCHANDISES ÉTRANGÈRES.

On a dit : Le producteur étranger, l'Anglais surtout, ayant plus de capitaux en masse, ou plus de capitaux disponibles pour l'industrie, se contente de moindres intérêts; et, livré à des entreprises plus hasardeuses, il éprouve des désastres plus fréquens. Ce sont là deux raisons pour que, en temps ordinaires, il approvisionne notre pays de ses marchandises, et pour qu'il l'en inonde dans les momens de crises. Il préférera même naturellement, dans ce dernier cas, le marché extérieur, pour ne pas déprécier, chez lui, ses marchandises. Or, par cette surabondance d'articles exotiques, nos fabriques seront infailliblement écrasées, victimes qu'elles seront de la concurrence des capitaux, plus que de celle des produits, à proprement parler.

A ces objections, les réponses sont faciles.

Que l'étranger se contente de moindres bénéfices, il s'ensuivra simplement que les producteurs nationaux seront dans la même nécessité. Ils pourront se plaindre; mais le public se consolera. D'ailleurs, ils auront encore, sur l'étranger, les avantages de l'économie des frais de transports et d'agens, comme aussi de facilités plus grandes pour l'attente et les placemens.

Quant à l'affluence de marchandises exotiques, que, en des jours de désastres, l'étranger viendrait vendre à vil prix, cet accident, que l'on a fait sonner si haut, se présente-t-il souvent? On n'en a pas cité d'exemples marquans; et cependant de nombreuses circonstances y ont prêté. La Prusse et la Saxe ne protégent que par un faible droit leurs draps contre ceux de l'Angleterre; et jamais l'Angleterre n'y a déversé les siens dans une proportion excessive. Cette importation désordonnée est un cas rare, exceptionnel. Elle est d'ailleurs l'effet inévitable de l'agrandissement du marché; c'est un léger inconvénient, à côté d'un grand bien; et cet inconvénient se rencontre le même dans l'intérieur, quand un fabricant fait de mauvaises affaires. Faudrait-il donc alors défendre à tout fabricant, et à ses créanciers quand la faillite éclate, de vendre au-dessous d'un tarif déterminé. Si, au surplus, cette mévente de marchandises exotiques est réelle, qui empêche les producteurs indigènes de les acheter pour les revendre, chez eux ou au dehors, plutôt que d'en confectionner eux-mêmes à un prix plus élevé?

On va plus loin : on ajoute que les étrangers feront des sacrifices pour écraser notre production, en offrant sur notre marché leurs articles à perte. La réponse existe, franche et plausible, dans l'enquête : nous ne pouvons mieux faire que de la transcrire.

« Je ne crois pas, a dit un négociant, délégué » de la Chambre du Commerce de Paris, que, » de peuple à peuple, pas plus que d'individu à » individu, on trouve des gens qui consentent » à perdre beaucoup pour tuer leurs rivaux. » Mais examinons les conséquences qui résul- » teraient d'une masse considérable de draps je- » tés sur nos marchés, pour faire tort à nos » fabriques. Qui empêchera d'acheter ces draps, » pour les réexporter sur les marchés étrangers, » avec le bénéfice de la prime, et 'amener par » là aussi une baisse de prix, qui ferait à nos ri- » vaux tout le tort qu'ils nous auraient voulu » faire à nous-mêmes? — On leur ferait ainsi la » plus cruelle des concurrences; on les battrai

» avec leurs propres armes. Pour s'en garantir, » il faudrait que leurs sacrifices s'étendissent sur » tous les marchés. La perte serait incalculable. » Qui oserait s'aventurer dans de pareilles spé- » culations? Ces luttes ne se voient que rare- » ment, dans les petites industries, d'individu à » individu : encore le plus souvent les deux in- » dustries rivales gagnent plus qu'elles ne per- » dent par le stimulant de la concurrence. Mais » je ne les crois pas possibles de nation à nation, » sur une masse de produits aussi considérable. » Selon moi, il n'y a pas tant à s'effrayer de la » concurrence étrangère. Ce qui peut en résul- » ter, c'est que nos fabricans s'appliqueront da- » vantage aux genres de produits dans lesquels » ils excellent le plus, et qu'ils abandonneront » certains autres qu'ils font avec moins d'avan- » tage. Notre production ne pourra qu'y ga- » gner. »

Contre toutes ces inquiétudes, simulées ou exagérées, relativement à la concurrence étrangère, nous engageons à méditer surtout, dans l'enquête, l'interrogatoire d'un honorable député, propriétaire de filatures de coton et fabricant de mousselines à Mulhausen. Sa déposition, nourrie de faits, forte de principes, pleine de vues éclairées et de patriotisme, est un excellent plaidoyer contre la prohibition et pour les mesures transitoires vers la liberté. Nous regrettons que le défaut d'espace ne nous permette point de l'analyser.

CHAPITRE V.

MOYENS DILATOIRES CONTRE LA LIBERTÉ DU COMMERCE.

SECTION Ire.

DEMANDE DE RÉCIPROCITÉ.

Après avoir épuisé toutes les objections contre la liberté du commerce, on essaie de moyens dilatoires.

On veut attendre surtout des conventions de réciprocité, des traités de commerce, et l'amélioration de nos voies de transport.

Sans doute, la réciprocité est avantageuse, et il faut toujours tâcher de l'obtenir. Mais n'y réussît-il pas, un pays doit encore, dans son intérêt bien compris, admettre les marchandises des peuples qui refusent les siennes. Celui qui n'échange pas des choses qui lui sont moins utiles contre d'autres qui le lui seraient plus, se nuit certainement à lui-même. Nuit-il également à ceux avec lesquels il ne fait pas l'échange? Il leur nuit plus ou moins, ou pas du tout, selon qu'ils trouvent moins ou plus facilement des débouchés pour leurs produits. L'économie politique défend donc les représailles. Qu'on en use momentanément ; que momentanément on se résigne à un sacrifice, on se fasse du mal pour en faire un plus grand à l'étranger, et l'obliger à revenir sur des mesures funestes; nous le concédons, à la rigueur; mais les représailles ne peuvent être alors considérées que comme moyens de ramener la paix et les bons rapports, que comme remèdes de courte durée. C'est ainsi que les États-Unis d'Amérique, en refusant, en 1815, d'admettre les navires de l'Angleterre, forcèrent celle-ci à modifier son fameux acte de navigation, pour commercer avec eux sur le pied de parfaite réciprocité.

Mais, en ayant recours aux représailles, nous ne sommes jamais sûrs d'avoir bien calculé si elles ne nous seront pas plus fatales qu'à l'étranger mis, par elles, dans l'impossibilité de prendre celles de nos marchandises qu'il recevrait encore, après en avoir prohibé quelques autres.

Qui dira, par exemple, laquelle des deux nations a le plus souffert, de la France ou de la Hollande, quand la première a rendu contre la seconde l'Edit de 1667, et que celle-ci a riposté par d'autres édits prohibitifs? Qui dira quelle a été le plus lésée, de la France ou de l'Angleterre, quand, depuis la même époque, elles ont rivalisé d'actes du même genre; toutes deux regardant comme redoutable leur commerce réciproque, qui serait, au contraire peut-être le plus fructueux de tous; toutes deux s'évitant, par les motifs qui auraient dû les engager à se rechercher, leur industrialisme et leur richesse; toutes deux encore si entravées que, d'après les états officiels de 1832, les exportations anglaises pour la France ont été inférieures à celles pour la Turquie, et forment à peine les deux septièmes de celles pour l'Italie? La proportion relative des dommages est bien difficile, souvent même impossible à déterminer; mais leur existence n'est que trop certaine.

Ainsi donc, il ne faut pas avancer, comme on le fait chaque jour, qu'il y aurait duperie dans la levée des prohibitions, si l'on n'obtenait la réciprocité de la part de l'étranger. Non : Il n'y aurait pas duperie, mais intérêt bien compris et vu de haut. Quelques peuples, les Orientaux surtout, le sentent parfaitement. Tous les états asiatiques et africains, et les colonies nouvellement indépendantes de l'Amérique, ne refusent pas les marchandises des nations qui prohibent les leurs. De ce qu'on a déjà fermé une porte à leurs produits, ils ne concluent pas qu'ils doivent en fermer eux-mêmes une autre : de ce qu'on leur a fait un mal, ils ne concluent pas qu'ils doivent s'en faire eux-mêmes un second.

SECTION II.

DEMANDE DE TRAITÉS DE COMMERCE.

Les traités de commerce sont de deux natures. Ou bien ils organisent simplement des garanties pour la sûreté des négocians en pays étrangers : ou bien ils stipulent des conditions d'admission plus favorables pour les marchandises des peuples contractans que pour celles des autres.

Sous le premier point de vue, ils ne méritent que des éloges.

Il n'en est pas de même sous le second : et c'est en ce dernier sens seulement que, dans le langage usuel, sont entendus et vont être employés par nous les mots de *traités de commerce*.

Sous le système prohibitif, il fallait des traités de commerce entre les peuples qui voulaient entamer quelques relations. Peut-être en faudra-t-il encore sous le système transitoire des droits protecteurs; mais c'est l'affaire de quelques années. Bientôt on sentira que, basés sur des droits différentiels et dictés par l'intention de s'avantager entre contractans, ils sont, par conséquent, conçus dans un esprit d'hostilité contre les autres nations, qui, par représailles, ferment ou entravent l'accès de leurs marchés; que, de plus, par suite des changemens de circonstances, ils demandent de fréquentes révisions, et donnent ainsi naissance à des difficultés, et quelquefois à des guerres. On sentira que l'intérêt bien entendu ordonne d'établir, comme un bien pour soi, ce qu'ils ne concèdent que comme une faveur pour autrui, le droit d'importation; et que l'accorder seulement à quelques nations, c'est leur donner un monopole, c'est se priver des bienfaits de la concurrence.

M. Huskisson, le ministre réformateur de la législation des douanes en Angleterre, puis un de ses successeurs, M. Pawlet Thomson, ainsi que les orateurs les plus instruits de ce pays, ont dit, qu'il ne faut pas s'occuper de traiter sur les bases de la réciprocité, mais commencer pas réformer soi-même sa législation; que, en offrant de négocier sur des matières commerciales, on met les autres nations en méfiance; tandis que, si l'on adopte, sans marchander, une politique libérale, l'exemple est nécessairement imité, un peu plus tôt ou un peu plus tard. En conséquence, l'Angleterre, sans tenir, comme à une condition absolue, à la réciprocité qu'elle avait sollicitée, a admis nos gants et nos soieries; a diminué de 25 p. 100 le droit sur les vins français, et a levé le principal obstacle à leur introduction, par l'abandon du traité de Méthven. M. Bowring, envoyé par elle en France, ne l'a pas été pour préparer un traité de commerce, mais pour s'enquérir des marchandises françaises sur lesquelles il faut le plus promptement abaisser les droits d'entrée en Angleterre. La France est dans les mêmes erremens relativement aux traités de commerce : et nous transcrivons avec plaisir ces phrases d'un de ses anciens ministres du commerce, M. d'Argout, présidant une séance dans la dernière enquête : « C'est, dit-il, par des lois qui ont un caractère » général et qui s'appliquent à tous les pays, que » des modifications sont apportées à notre législation des douanes. Ce serait à tort qu'on aurait pensé qu'il serait question de traités de » commerce entre la France, la Belgique et l'Angleterre. Il peut sans doute arriver que la levée de certaines prohibitions en France soit » l'occasion de communications diplomatiques » entre ces différens pays, dans le but d'amener » des concessions réciproques : cela est même » fort probable. Mais, d'après le caractère de » notre législation de douanes, nous devons envisager la question comme si la levée de la » prohibition ne devait pas mettre les pays étrangers dans le cas de suivre notre exemple. »

Il y a loin de ces idées à celles qui, au temps de Colbert, faisaient proclamer par le parlement britannique que le commerce avec la France était un mal, et qui, sous la reine Anne, faisaient refuser positivement d'entamer aucune négociation commerciale avec nous.

Nous voyons, il est vrai, d'un autre côté, des contrées d'Allemagne, avec lesquelles les relations seraient d'une haute importance, se jeter dans des traités d'alliance entre eux et de ligue contre nous et l'Angleterre. Mais ce système ne saurait être de longue durée; et, d'ailleurs, pour bien juger ces actes, il faut les considérer comme politiques, et non comme commerciaux. Le commerce n'est que le moyen déguisé; le but réel, c'est la politique. L'Allemagne veut, non point passer par l'unité nationale, pour arriver à l'union commerciale; mais elle veut opérer une union commerciale, pour atteindre à cette unité nationale, qui, provoquée par les victoires de la République et de l'Empire, continuée par la réaction de la guerre de l'Indépendance, va peut-être s'effectuer par les intérêts matériels. Et, comme elle veut aussi, et surtout, détacher complétement de nous les provinces d'outre-Rhin, pour se les incorporer tout-à-fait, alors, en même temps qu'elle tâche de lier entr'elles les différentes parties de son territoire par la levée des lignes de douanes intérieures, elle les sépare de nous par l'établissement de barrières extérieures contre nos produits.

C'est, comme on l'a fort bien dit, un système continental en miniature. Mais la copie ne vaut pas mieux que l'original, et n'aura pas plus de succès. Les gouvernemens manqueront leur but. Grand nombre d'états d'Allemagne se refuseront à la ligue; d'autres n'y accèdent que forcément. A la première occasion, les provinces frontières, qui tireraient le plus de profits du commerce étranger, le réclameront hautement; et, en attendant, elles éluderont les prohibitions par la contrebande. Le Hanovre et Brunswick deviendront les grandes portes de cette contrebande pour l'Angleterre, comme tous les pays des bords du Rhin le seront pour la France. Les états même qui sont entrés volontairement dans cette union de douanes ne tarderont pas, en conservant ce qu'elle a d'utile, à s'affranchir de ce qu'elle a de funeste. Rien d'extensible comme les libertés; rien de logique comme l'enchaînement des événemens, comme la force des choses. L'Allemagne nous imitera; ou mieux, sans penser à nous imiter, elle fera naturellement comme nous avons fait. Après avoir goûté des avantages de la levée des barrières intérieures, elle sera amenée, et contraindra ses gouvernemens, à la levée des barrières extérieures. C'est un jeu dangereux que d'employer une liberté contre une autre. Dès qu'elles sont en présence, elles se reconnaissent comme de même famille; elles se rapprochent pour s'embrasser, et non pour se combattre. Cette tendance naturelle suffirait pour étouffer les ligues de douanes allemandes. Mais elle sera, en outre, aidée par les efforts de la France et de l'Angleterre; de la France surtout, qui, n'en doutons pas, verra toute la portée politique de cette mesure. Luttant, pour les frontières du Rhin, par le commerce, comme elle a lutté si long temps par la guerre, elle offrira aux peuples limitrophes son marché, en regard de celui de l'Allemagne. Et elle peut être certaine d'une préférence, plus ou moins prochaine; car, pour tous les articles qu'ils voudraient vendre, notre pays est un acheteur plus riche, comme, pour tous ceux qu'ils voudraient acheter, un vendeur mieux approvisionné, que ne le sont les pays de l'union allemande.

En résumé, l'époque approche où, aux cris de toutes les nations, qui demanderont l'affranchissement du marché, se briseront les entraves; où, par suite, devant le grand fait de la liberté générale, s'évanouiront toutes les conventions particulières d'avantages mercantiles, tous les traités de commerce.

D'ici là, les gouvernemens ne doivent pas tenir à la réciprocité comme à une condition absolue de l'admission des marchandises étrangères; mais ils doivent la réclamer comme utile.

Chacun d'eux se félicitera même souvent d'être contraint par d'autres à abaisser les barrières que défendent obstinément chez lui des intérêts coalisés. Par exemple, quand, en Angleterre, une enquête a, depuis plus de dix ans, dissipé le doute sur la question de l'exportation des machines; quand il est devenu évident que le pays, qui a la supériorité pour leur confection, trouverait bénéfice à en vendre, comme à vendre d'autres produits; quand la révocation des lois prohibitives de la sortie de ces objets est une conséquence de l'abolition de celles qui s'opposaient à l'émigration des ouvriers; quand il existe, d'ailleurs, entre les divers peuples, tant de moyens de communication, et dès-lors d'imitation; n'est il pas certain que le gouvernement anglais s'applaudirait de nous voir lui forcer la main pour faire triompher, sur ce sujet, les vrais principes contre les intérêts individuels et les préjugés nationaux? Et ne pourrait-il pas aussi nous rendre bien des services du même genre? C'est ainsi que, avec les progrès des lumières, les gouvernemens seront poussés à l'union, et emploieront, pour s'entr'aider, les mêmes efforts, et quelquefois les mêmes moyens, dont ils usent depuis si long-temps pour se nuire réciproquement. Glorieux triomphe de la science, dont les résultats seront le règne de la pix et de la liberté, les plus fécondes des déesses; les relations plus multipliées; les échanges plus fréquens de choses et d'idées; les développemens du commerce et de la civilisation; la richesse et le bonheur des peuples!

SECTION III.

DEMANDE D'AMÉLIORATION DE NOS VOIES DE TRANSPORT.

Les prohibitionistes disent encore : « Avant d'introduire les marchandises étrangères, attendez que vous ayez, du moins, par l'augmentation ou l'amélioration de vos voies de transports, ouvers des débouchés intérieurs à vos produits nationaux. »

Nous ferons d'abord remarquer une contradiction frappante dans laquelle ils tombent, quand ils demandent à la fois et la prohibition des marchandises étrangères et l'augmentation ou l'amélioration de nos routes. Est-ce que l'arrivée des produits des diverses contrées de la France n'apporterait pas, dans les industries de chaque localité, une perturbation, comme le ferait l'arrivée des articles exotiques? Quand le prix d'un objet baisse par survenance de similaires, qu'importe au producteur que ceux-ci soient exotiques ou indigènes? Que ce soient les blés du nord de la France ou ceux de la Crimée, de l'Ukraine, de la Pologne, qui s'offrent sur un de nos marchés du midi; est-ce que le cultivateur de cette partie de notre territoire continuera à défricher des argiles trop tenaces ou des sables presque mouvans, pour leur arracher, à grands frais, des céréales? Il faut être conséquent. En s'opposant à la levée des barrières contre les produits étrangers, il faut s'opposer aussi à la confection des routes pour le transport des produits nationaux, de départemens à départemens, de cantons à cantons, de villages à villages. Si l'on adopte le principe, qu'on ne recule pas devant les conséquences; ou, si l'on veut reculer devant les conséquences, qu'on abandonne alors le principe.

Mais, en outre, c'est seulement sur le littoral et les frontières que les articles exotiques peuvent se rendre à destination par les voies extérieures, de mer ou de terre. L'augmentation de frais de transport, par suite des vices de nos voies, porte donc sur ceux d'entr'eux qui sont destinés à l'intérieur, comme sur les indigènes. Elle devient dès-lors, si ce n'est pour le littoral et les frontières, indifférente dans la question.

Ce n'est pas que nous n'insistions sur le perfectionnement de nos routes. Négligeant même tous leurs autres avantages, sous les rapports de la civilisation et de la sûreté publique, nous reconnaissons que le commerce intérieur est, toutes choses égales d'ailleurs, le plus fructueux. Car, si, comme c'est incontestable, l'échange est utile aux deux contractans, les bénéfices, quand il s'opère entre deux étrangers, se partagent entre deux nations; et ils profitent tous à une seule, quand, au contraire, il se fait entre indigènes. Aussi les pays les plus sillonnés de routes sont-ils ceux où fleurissent le plus l'agriculture et le commerce. Voyez l'Allemagne, la Belgique, l'Angleterre; l'Angleterre, où le commerce extérieur, déjà si étendu du temps de Pitt, n'était alors évalué qu'au trente-deuxième de l'industrie totale du pays. Voyez surtout les Etats-Unis, qui, sous le rapport des communications, sont en avance de tous les autres peuples; et, ne comparant entre elles que les diverses parties de la France; les départemens du nord, dont le ciel et le terrain sont bien moins propices que ceux du midi, ont cependant, en raison de la supériorité de leurs routes, une agriculture beaucoup plus perfectionnée. Faisons donc tous nos efforts pour améliorer nos voies. Il faut que, par elles, la grande variété de notre sol, l'extrême différence de productions entre nos provinces, devienne une cause de richesses, et non d'encombrement; une source de bien-être, et non de misère. Il faut, par exemple, que les vins et les huiles du midi s'échangent facilement contre les céréales du nord; et que le transport des blés de l'ouest dans l'est n'en quadruple pas le prix, ne soit pas plus cher que le transport aux Antilles.

Tous ces besoins, nous les reconnaissons. Cette vérité qu'un peuple est presque toujours pour lui-même le meilleur chaland, nous l'admettons.

Nous concédons même que notre commerce étranger ne soit, comme on le prétend, que dans la proportion de 1 à 14 avec notre commerce intérieur. Mais est-on juste, dans cette appréciation, quand on ne calcule le premier que rétréci, amoindri, tel que l'ont fait des systèmes d'entraves, au lieu de l'évaluer large, développé, tel qu'il deviendrait avec la liberté? Est-on sage aussi, quand, par le motif qu'on ne peut pas encore retirer du commerce intérieur tous les avantages qu'on en obtiendra par la suite, on se prive, en attendant, des bienfaits du commerce extérieur? Faut-il donc que, avant d'ouvrir nos frontières aux marchandises exotiques, nous ayons, comme le demandent des producteurs indigènes, créé tant de canaux et canalisé tant de rivières; que nous ayons achevé les canaux latéraux à la Loire, à la Basse-Loire et à la Garonne, ceux de Bourgogne et de l'Oise, les canalisations de la Haute-Seine, de l'Yonne, du Lot et de la Basse-Seine; dépenses d'environ 200 millions? Et ne réclameraient-ils pas ensuite l'affranchissement des péages, qui s'élèvent à 2,800,000 fr. par an dans toutes les lignes de navigation aujourd'hui concédées au monopole, et dont le rachat coûterait peut-être au gouvernement 700 autres millions? Par les développemens que le commerce recevrait de la liberté, on arriverait sans sacrifices à la confection des voies en cours d'exécution, et de toutes autres dont le besoin se ferait sentir. Il n'y aurait qu'à s'en rapporter à l'intérêt des compagnies qui ne manqueraient pas de se former.

Pour la réforme de notre législation de douanes, n'attendons donc pas l'amélioration de nos voies de transport; mais procédons simultanément à ces deux œuvres corrélatives et également utiles.

C'est, il faut le reconnaître, ce que veut le ministère.

Quant au premier point, il a pris l'initiative sur les chambres; et c'est d'elles que, dans la législature dernière, sont venus les obstacles; ce sont elles qui se sont montrées retardataires. Quant au second, il a prescrit, depuis peu, pour l'ouverture de nouveaux chemins et l'entretien des anciens, une mesure, depuis long-temps sollicitée, et dont il faut attendre les meilleurs effets, non-seulement pour le sujet qui nous occupe, mais encore dans l'intérêt général de la société : nous voulons parler de l'emploi des troupes à des travaux d'utilité publique.

CHAPITRE VI.

NÉCESSITÉ DE TRANSITIONS; ET ENQUÊTES.

Ce n'est pas tout que d'avoir démontré la fausseté d'un système et la bonté d'un autre: il faut aviser aux moyens d'en changer avec le moins de lésions possible. C'est, dans tous les cas, une loi de simple humanité. C'est aussi une règle d'économie, pour ne point ruiner des fortunes privées et des valeurs réelles; et, sous ce mot de valeurs, nous ne comprenons pas seulement des capitaux matériels, mais aussi l'expérience, l'habileté, capitaux intellectuels, qui représentent le travail fait et l'argent dépensé pour les acquérir. C'est enfin un principe de politique, pour ne point soulever de mécontentemens. Mais, en outre, quand le faux système est l'œuvre de la législation et de l'administration, la stricte équité ne commande-t-elle pas des ménagemens plus grands encore, à l'égard d'individus que l'on a soi-même lancés dans une fausse route ? Le ministère l'a peut-être oublié, quand, par l'ordonnance du 28 juillet dernier, il a brusquement modifié la législation sur l'entrée des laines étrangères. Le moment où la vente des laines allait avoir lieu n'était pas celui qu'il fallait choisir pour rendre une décision qui lui était si nuisible; surtout quand la baisse du prix des céréales réduisait déjà tant les profits du cultivateur.

On peut lever subitement les prohibitions et les droits d'entrée sur les objets exotiques dont le pays ne produit pas les similaires, sans craindre que les avantages qui en résulteront pour le consommateur soient compensés par le désastre d'aucune industrie.

Mais, à l'égard des objets qu'elles produisent, il ne faut point retirer tout à coup à nos industries une protection, sur la foi de laquelle elles se sont aventurées. Sinon, l'on risque de les bouleverser. C'est un reproche qu'ont encouru et le traité de 1786, dont on a cependant trop exagéré les premiers effets, auxquels de promptes modifications ont remédié, et les dispositions de 1814. Il arrive aussi que des esprits faux, et ils ne sont pas toujours en minorité, attribuent alors au système des maux qui ne viennent que de la trop rapide application qui en est faite.

Les articles qui réclament d'abord diminution de droits, puis liberté d'entrée, sont ceux qu'on appelle matières premières; dénomination purement relative, comprenant les produits qui servent d'élémens à d'autres. En tête, se présentent les fers et les houilles. Quand, par la réduction des droits, et ensuite par la libre introduction des matières premières, les fabricans verront diminuer leurs prix de revient, ils en seront plus admissibles à se plaindre si, en même temps, par l'entrée des produits manufacturés, ils voient également baisser leurs prix de vente.

Sans doute, on ne pourra jamais se soustraire à tous les inconvéniens d'un changement de système. Dans le traitement des maladies, on est souvent obligé d'employer des remèdes qui, pour quelque temps, augmentent la faiblesse et la souffrance. Mais opérer le bien public en atténuant le plus possible, sans toutefois espérer les éviter entièrement, les lésions individuelles; tel doit être ici le but. Prévenir à l'avance, et agir par transitions; tels sont les moyens.

Comme avertissemens, nous signalons d'abord les enquêtes, en faisant toutefois observer qu'ici elles sont inutiles sous ce point de vue.

On en a déjà fait plusieurs sur les douanes ; deux notamment, en 1828 et 1829, sur les fers, les houilles et les sucres. Voilà, en outre, dix ans, qu'un projet de loi de douanes a été apporté, pour la première fois, aux chambres, sans qu'on ait encore trouvé le moment de le voter; et depuis 1829, il ne s'est pas écoulé une session où un nouveau projet n'ait été présenté et ajourné.

L'industrie était donc suffisamment avertie de se préparer à des changemens; et la dernière enquête n'a pu être ordonnée que comme source de lumières pour le législateur.

La manière dont il est, chez nous, procédé à cette espèce d'actes provoque quelques réflexions.

Les commissaires ont nécesssairement, par la position des questions, une énorme influence sur les résultats. Nous voudrions alors qu'il y eût parmi eux des élus des chambres, et non pas seulement des délégués du ministère. Qu'importe que, dans les hommes nommés par celui-ci, soient des pairs ou des députés? Ils ne viennent pas, à ce titre, en vertu d'une élection faite par leurs collègues, mais en raison d'une désignation ministérielle.

La discussion entre les divers intérêts ne peut qu'aider à la manifestation de la vérité. Au lieu d'interrogatoires isolés, il faut mettre en présence les délégués d'industries ayant des prétentions opposées, et permettre entr'eux des débats contradictoires. Nous nous plaisons à reconnaître qu'on a eu la sagesse de le faire souvent dans la dernière enquête.

Si les lois des douanes peuvent et doivent quelquefois, à raison des obstacles à vaincre, se proposer partiellement, elles doivent se concevoir et se préparer d'ensemble. On n'eût donc pas dû s'occuper des objets manufacturés, sans s'être d'abord éclairé sur leurs matières premières.

La connaissance des industries similaires de l'étranger est nécessaire, pour distinguer les questions à poser, pour rectifier les réponses, et pour maintenir les individus interrogés. Ce genre d'instruction ne s'est peut-être pas toujours assez montré chez les hommes qui ont présidé à l'enquête.

Enfin, on a paru consulter les diverses industries sur le système à suivre. Mais c'est à la science, à ses longues recherches, à ses profondes méditations, à dicter les règles générales pour la production et le commerce. Il ne faut demander aux enquêtes que des renseignemens sur la situation et les ressources de telle ou telle industrie.

A l'occasion des réponses de nos producteurs, le public s'est peut-être trop irrité. Préoccupation pour tous les intérêts, excepté pour celui du consommateur; demandes de priviléges, fondées sur d'autres priviléges; assertions inexactes; raisonnemens contradictoires, basés tantôt sur la petite, tantôt sur la grande quantité des importations, pour arriver toujours à la même conclusion, le monopole; prétentions à le conserver par la prohibition, que plusieurs manufacturiers ont invoquée hautement, non-seulement comme un fait, pour l'abolition duquel il faut plus ou moins de ménagemens, plus ou moins de temps, mais comme un principe inattaquable : voilà le spectacle affligeant qu'à offert l'enquête. On a alors reproché aux producteurs de n'avoir d'autre mobile que l'égoïsme; et ce reproche, ils se le sont adressé entr'eux. Le fabricant de l'intérieur accuse les négocians des ports de mer et des villes frontières, qui veulent la liberté du commerce, d'être en contradiction avec la théorie anti-libérale qu'ils soutenaient, il y a deux ans, quand ils s'opposaient à l'établissement des nouveaux entrepôts, et de n'être dirigés, dans l'un et l'autre cas, que par des calculs personnels. La même accusation est renvoyée par ceux-ci aux fabricans de l'intérieur, qui, après avoir réclamé, au nom de la liberté, les entrepôts, combattent d'autres conséquences du même principe. Tout cela est vrai; mais tout cela s'est vu toujours et partout. Qu'on examine les enquêtes anglaises; qu'on lise, par exemple, la dernière, relative aux droits sur les thés; et l'on n'y trouvera pas plus matière à s'édifier du désintéressement ni de la véracité des hommes. Quand

M. Huskisson prépara ses réformes, il admit dans chaque interrogatoire des producteurs d'autres objets, et seulement un de l'objet en litige; et, dans tous les interrogatoires, l'affranchissement du commerce réunit l'unanimité des voix, moins une. Ce fait en dit plus que tous les raisonnemens; et l'on aura remarqué qu'il s'est presque répété dans notre dernière enquête.

Dans cette lutte entre les divers industriels, ne nous occupons donc pas des motifs de leurs réclamations : leur mobile est évident, c'est l'intérêt particulier. Et ne nous en irritons pas; c'est là chose naturelle, inévitable. Il n'y a que les utopistes qui demandent aux masses le sentiment habituel d'abnégation, cachet des grandes ames et exception dans l'humanité. Que, dans des circonstances extraordinaires, dans des momens de crise et d'élan, pour des actes de peu de durée, on fasse chez les masses appel à ce sentiment; il y aura de l'écho dans les cœurs, et les individus électrisés ne reculeront pas devant les sacrifices, et les nations enfanteront des prodiges. Mais dans le cours habituel de la vie, de toute une carrière, il est un autre mobile, plus ou moins caché, et toujours agissant, l'égoïsme; Et cet égoïsme est une nécessité, un bien même, dans le monde entier et dans chaque société isolée. Dans le monde, à qui la nature, pleine, en ses vues générales, de sollicitude pour les espèces et d'indifférence pour les individualités, pou vait-elle mieux confier le soin de chaque être qu'à lui-même? Et, dans une société, n'est-il pas bon que chacun s'occupe de son intérêt privé, qu'il connaît, plutôt que de l'intérêt général, auquel, le plus souvent, il ne comprendrait rien? Cette tendance ne contrarie pas le principe social. Seulement, le législateur habile, au lieu de compter sur l'exception d'abnégation, calcule sur la règle générale de préférence personnelle; et, au lieu de chercher à obtenir le sacrifice des intérêts particuliers, il s'efforce de les faire concorder dans le sens de l'intérêt public. Qu'on applaudisse donc à ceux des fabricans qui, dans l'enquête, ont fait preuve de patriotisme et de désintéressement : mais qu'on cesse de s'indigner contre ceux qui ne se sont montrés ni pires ni meilleurs que les autres hommes; qu'on soit en réserve, mais non pas en hostilité contre eux. L'unique question est de savoir quelles réclamations sont, en résultat, d'accord avec l'intérêt social; et, nous l'avons prouvé, ce sont celles qui tendent à la liberté. Soutenons-la, tour à tour, cette liberté, avec et contre les mêmes individus. Ainsi, nous nous unissions aux localités d'intérieur, contre les villes frontières et les ports de mer, pour solliciter la création des entrepôts; et nous nous joignons aujourd'hui aux ports de mer et aux villes frontières, contre les établissemens de l'intérieur, pour obtenir la levée des systèmes prohibitif et protecteur.

On devrait aussi, pour être juste, remarquer que la direction de l'enquête a tendu à développer chez les producteurs cette prédilection pour leurs intérêts privés. Les questions y paraissent toutes dirigées dans un faux sens, qui, au surplus, perce également dans les motifs des projets de lois et dans les rapports. On y demande aux fabricans : « Quel est votre prix de revient? Et quel droit faudrait-il mettre sur la marchandise étrangère, pour que vous pussiez soutenir la concurrence? » Cette idée de protection prévaut tellement, aveugle à tel point, que, dans l'interrogatoire des filateurs de coton, le président laisse échapper cette phrase, sur le remplacement de la prohibition par des droits protecteurs : « Ce serait plutôt une manifestation qu'une mesure qui pourrait avoir l'effet que vous redoutez. » Ce à quoi le prohibitioniste interrogé répond, par une épigramme bien méritée : « je désire que l'opinion publique se trouve satisfaite d'un résultat qui ne changerait qu'un mot. »

En proposant un changement de système, on s'efforce de prouver deux choses contradictoires; d'un côté, aux producteurs, qu'il ne sera pas sensible, et de l'autre, aux consommateurs, qu'il le sera. On devrait dire aux premiers : « Les anciennes voies, celles de la protection, vont se fermer; de nouvelles, celles de la liberté, vont s'ouvrir. Que vous puissiez ou non lutter contre les marchandises exotiques, elles entreront. Si les vôtres ne peuvent soutenir la concurrence, quel temps vous faut-il pour ôter vos capitaux d'une industrie où vous reconnaissez votre infériorité, et les porter dans d'autres? Ce délai est le seul sacrifice que le consommateur doive faire en votre faveur. Profitez-en; ou vous serez broyés dans le grand mouvement de la société. » Le principe que nous combattons, celui de protéger les industries jusqu'à ce qu'elles soient en état de soutenir la concurrence étrangère, mène à cette conclusion : qu'il faut protéger éternellement celles d'entr'elles à l'égard desquelles l'étranger, en raison de ses ressources de situation, de sol, de climat, ou de toute autre espèce, conservera toujours la supériorité. Il conduit ensuite à cette autre, tout aussi stricte, qu'il faut les protéger d'autant plus que le pays leur est moins propice : en d'autres termes, qu'un gouvernement doit surtout encourager les gouvernés à faire ce à quoi ils sont le moins propres. On tombe droit dans l'absurde, pierre de touche des théories.

Le ministère le sent parfaitement; et ses intentions sont beaucoup plus éclairées et plus arrêtées que ne l'indiquerait son langage. Mais il croit devoir les voiler, user de ménagemens, faire traiter de puissance à puissance, d'égal à égal, la société et les monopoles. Quand on parle au nom du pays, il faut parler plus haut; et, quand on agit pour lui, agir avec plus de fermeté. On a dit : métier d'auteur, métier d'oseur. Il faut le dire encore plus du réformateur. Les déguisemens sont, d'ailleurs, funestes aux personnes envers lesquelles on les emploie ; et la franchise est toujours le meilleur moyen de gouvernement. Mieux vaut blesser que tromper.

En s'exprimant sur ces questions avec une sincérité sans réserve, qu'un gouvernement s'attende à des cris, à des menaces; mais qu'il ne craigne pas d'effets réellement dangereux. Rappelons-nous que jamais liberté commerciale n'a été introduite dans un pays sans réclamations de la part des producteurs favorisés; pas plus que liberté politique, sans réclamations de la part des privilégiés. Les industriels peuvent se coaliser ; ils peuvent occasioner quelques émeutes locales : mais un mouvement social, ce serait folie de le redouter. Pour qu'un cri remue la société, il faut qu'il fasse vibrer l'intérêt général ou quelque grand sentiment. Et elle ne se soulèvera pas pour avoir le bonheur de continuer à se grever au profit de quelques monopoleurs. Celle qui s'est révolutionnée pour l'abolition des priviléges politiques ne se révolutionnera pas pour le maintien des priviléges industriels. En Angleterre aussi, les producteurs en appelaient à l'insurrection contre les mesures de M. Huskisson. Aux clameurs il opposa des chiffres. Il dit aux contribuables, par exemple : « Quand, avant d'arriver à la liberté, je protége d'un droit transitoire de 30 p. 0[0, la production des soieries anglaises, évaluée à 450 millions, et vous impose dès-lors un sacrifice annuel de 140 millions, vous révolterez-vous pour le plaisir de vous imposer davantage ? » Et le pays répondit : « Non. » Que notre ministère fasse de même : qu'il évalue la consommation annuelle de chaque article protégé; qu'il donne, à côté du prix de cet article, celui de l'article similaire de l'étranger; qu'il énonce les taxes d'entrées; qu'il calcule les sacrifices faits pour chaque espèce de producteurs, et additionne tous ces sacrifices partiels; que ces relevés soient publiés; et, si la France s'émeut, ce ne sera pas en faveur des prohibtions ni des droits protecteurs. La seule annonce de ces relevés réduirait même au silence les plus récalcitrans d'entre les producteurs; car les plus récalcitrans sont évidemment ceux qui, moins avancés, ont le plus besoin de protections, et sont le plus onéreux au pays. Un tableau de chiffres, de deux ou trois feuilles, distribué à profusion, frapperait tous les yeux et pénétrerait dans toutes les intelligences. Ce serait la première batterie à dresser contre les systèmes d'entraves.

CHAPITRE VII.

EXAMEN DES DIVERS MOYENS DE TRANSITION.

Apprécions maintenant les divers moyens par lesquels on a proposé de passer du système de prohibition à celui de liberté.

Nous n'en connaissons que trois.

Le premier serait de laisser, entre la loi suppressive de toutes prohibitions et l'application qui en serait faite, un intervalle, pendant lequel les choses resteraient sur l'ancien pied, et à l'expiration duquel on entrerait en pleine voie dans le nouveau système.

Mais, pendant cet intervalle, les producteurs privilégiés continueraient à jouir des mêmes avantages, et les consommateurs à supporter les mêmes charges. A cet inconvénient se joindrait celui d'être obligé, par compensation, de rapprocher l'époque du changement, et dès-lors de moins amortir les secousses. De plus, comme, pendant cet intervalle, il y aurait toujours le même intérêt à faire entrer les produits exotiques, la contrebande continuerait ses fraudes.

Le second moyen serait d'autoriser à l'instant l'introduction, franche de droits, d'une certaine quantité de marchandises étrangères, qui augmenterait chaque année, jusqu'à l'époque fixée pour la liberté absolue.

Mais, ou ces marchandises arriveraient par divers points, pour que l'effet de la nouvelle mesure ne frappât pas sur les négocians d'une seule localité, et se répartît sur tout le pays; ou bien elles se dirigeraient sur un seul. Dans un cas, les circuits auxquels elles seraient assujetties, et pour se rendre à l'endroit indiqué et pour se reporter ensuite à destination, seraient tellement coûteux que souvent nulle réduction n'aurait lieu dans les prix, et que tout le bienfait de la liberté d'entrée serait ainsi annihilé. Dans l'autre, l'abondance des envois sur un seul point ferait qu'il n'y aurait point là de transition entre la prohibition et la liberté; que la mesure y ruinerait les producteurs; qu'ailleurs elle aurait simplement le résultat d'une annonce, et rentrerait dans le premier moyen, dont nous venons de montrer le vice. En outre, l'arbitraire présiderait inévitablement à la désignation de la localité, des individus, ou qui obtiendraient les licences.

Le troisième moyen consiste dans le remplacement des prohibitions absolues par des droits sur l'entrée des articles exotiques ; droits que l'on appelle protecteurs de l'industrie nationale.

Ce moyen, qu'ont adopté l'Angleterre, la France, et d'autres pays, est incomparablement le meilleur. Mais il faut ne pas en exagérer les bons effets ; et l'on doit en reconnaître l'insuffisance à certains égards.

En fixant les droits de manière à laisser, entre la marchandise exotique et l'indigène, seulement une différence de prix moindre que la prime de la contrebande, il tue cette immorale spéculation.

Mais est-il réellement transitoire entre la prohibition et la liberté ? Pour en bien comprendre le jeu, il faut faire, entre les produits, une distinction, que l'on néglige généralement.

Rappelons-nous deux points.

D'abord, les droits protecteurs sont ceux qui se règlent sur la différence entre le prix de revient du produit exotique et celui de l'indigène ; car, ainsi que nous l'avons expliqué, on ne doit pas donner le nom de protecteurs à ceux qui ne font qu'équilibrer les taxes payées chez elle par la production étrangère avec celles qui le sont par la production indigène.

Ensuite, dans un même pays, les produits directs du sol sont soumis à des diversités de prix de revient beaucoup plus que les objets manufacturés. Car il y a grande variété dans la fécondité des terres, mines ou carrières, et, par conséquent, dans le coût de leurs exploitations : tandis que, avec la liberté intérieure, comme chaque fabrique ou manufacture choisit ses conditions les plus favorables de situation, il doit y avoir à peu près uniformité dans les frais pour toutes celles de même espèce. On ne trouvera d'exceptions à cette règle que dans certains établissemens, où, à raison de circonstances particulières, on se contente de bénéfices moindres.

On doit dès-lors examiner séparément, pour les produits directs du sol et pour les objets manufacturés, l'action du droit protecteur.

Pour les produits directs du sol, si, par cette taxe, les exotiques reviennent plus cher que les similaires des terres, mines ou carrières nationales de première et de seconde qualités, mais moins que ceux des terres, mines ou carrières de troisième, l'exploitation de celles-ci sera seule changée ou abandonnée. Les autres résisteront à la concurrence, qui aura seulement pour résultat d'en diminuer les bénéfices, d'en faire baisser les fermages. Que les céréales de la Crimée, de l'Ukraine, de la Pologne, nous arrivent moins surtaxées ; et nous cesserons de consacrer à cette culture des terres qui n'y ont été livrées qu'à cause de l'élévation factice des prix; dans le midi, des argiles ou des sables, et dans le nord des prairies froides et inondées. Que les houilles et le fer de la Belgique, de l'Angleterre et de la Suède, soient plus facilement admis; et nous délaisserons celles de nos mines qui sont trop profondes, et celles de nos forges qui sont mal situées. Si, plus tard, les droits protecteurs sont encore affaiblis, de sorte que les produits exotiques coûtent moins que ceux de nos terres de seconde qualité, celles de la classe supérieure continueront seules à être cultivées, mais verront encore diminuer leurs revenus. Ainsi donc, pour ces produits, le système des droits protecteurs est incontestablement transitoire entre la prohibition et la liberté.

Il ne l'est pas d'une manière aussi frappante pour les objets manufacturés.

Ils n'ont à peu près qu'un seul prix de revient dans un même pays. Eh bien! a-t-on dit, ou le droit protecteur, joint aux frais de transport, surpasse la différence entre ce prix et celui du produitexotique, à qualité égale; alors évidemment ce dernier ne sera pas plus importé que sous le régime de la prohibition.

Ou bien il y a équilibre entre ces deux termes de la comparaison ; et le producteur étranger craindra de causer encombrement sur le marché national, où sa position est moins favorable que celle de l'indigène. Il n'importera qu'avec une extrême réserve : et cela équivaudra encore à une prohibition.

Ou bien enfin le droit protecteur est plus faible que la différence entre les prix de revient ; et les articles étrangers arriveront en masse, comme sous le régime de la liberté absolue.

Ainsi donc, ajoute-t-on, avec les droits protecteurs, pas d'importations ou importations faciles ; dès-lors pas de transitions possibles, par ce moyen, pour les objets manufacturés, entre la prohibition et la liberté absolue.

Mais il est plusieurs motifs qui nous paraissent modifier cette conclusion.

En premier lieu, il peut, par des circonstances particulières, se trouver dans le pays quelques fabriques et manufactures où le prix de revient soit plus haut et le bénéfice moindre que dans les autres de même espèce. Pour ces établissemens exceptionnels, arrivera plutôt le moment où ils ne pourront soutenir la concurrence étrangère. Ce sera déjà là une transition.

Elle existera aussi pour tous les établissemens, en général.

D'abord, la substitution des droits protecteurs à la prohibition montre la liberté en perspective. N'eût-elle que cet avantage, c'est beaucoup qu'un tel avertissement à l'industrie; c'est beaucoup que l'introduction d'un principe dans une loi. Il faut qu'il s'y féconde, avec le temps.

Mais, dès les premiers instans même, les effets de celui-ci se font sentir.

Les perquisitions intérieures deviennent plus difficiles, quelquefois même impossibles : et c'est là un pas vers la liberté.

Puis, les droits protecteurs ont nécessairement une limite, posée par la prime de la contrebande.

Parlant en chiffres, ils classent les industries d'une manière claire et incontestable, en raison inverse de la protection dont elles ont besoin. Un simple coup d'œil jeté sur le tarif fait voir celles qu'il faut le plus tôt abandonner, comme les moins dignes d'attention, par leur infériorité. Sous le régime de la prohibition, le public n'a qu'une opinion vague sur le tort qu'elle lui fait en général; encore cette opinion manque-t-elle de base. On l'abuse par de faux calculs; ignorant, il se tait et se résigne. Sous celui des droits protecteurs, il aperçoit, en chiffres, et pour chaque espèce de producteurs, les charges dont on le grève; éclairé, il réclame et il faut lui obéir.

Souvent, dans d'autres pays, l'abondance des capitaux placés dans l'industrie fait que le producteur peut s'y contenter de profits plus faibles. Il importe alors encore ses marchandises, quoique l'addition des frais de transport et des droits protecteurs leur donne un prix de revient égal, ou supérieur même, à celui des marchandises nationales.

La concurrence étrangère, même entravée par des droits protecteurs, empêche, jusqu'à un certain point du moins, les coalitions, qui, sous le monopole, se forment quelquefois entre des producteurs indigènes, pour élever ou maintenir leurs prétentions. La dernière enquête a signalé, en France, une ligue de ce genre, chez des fabricans de cristaux.

Les produits exotiques n'arrivassent-ils pas dans les temps ordinaires, peuvent venir, dans les momens de variations de prix, rétablir l'équilibre.

La perspective de les voir déverser sur le marché ne laisse pas l'industrie indigène s'engourdir dans cet état de quiétude qui résulte du monopole. Il faut nécessairement qu'à tout progrès au dehors réponde un progrès au dedans. Sinon, le droit protecteur, restant le même, est bientôt au-dessous de la différence entre les prix de revient, et le producteur retardataire est écrasé. L'abolition de la prohibition a opéré en Angleterre un effet électrique sur les industries arriérées. Quelques mois s'étaient à peine écoulés, que celle des soieries, sortie de sa léthargie, avait déjà fait de plus grands pas que pendant les cinquante années précédentes.

Enfin, les négocians ne doivent pas oublier que, en cas de réexportation des marchandises exotiques, ils obtiennent la restitution du droit d'entrée. Cette restitution n'a évidemment pas lieu sous la prohibition, où le prix de l'introduction est payé à la contrebande, qui n'admet pas les drawbacks, comme le fait la douane.

Au total, le système des droits protecteurs est bon : d'abord comme destructif de la contrebande; ensuite comme transition efficace pour les produits directs du sol, et aussi, bien qu'à un moindre degré, pour les objets manufacturés.

Toutefois, on le remarquera, nous ne l'approuvons que comme transitoire; et c'est ainsi seulement que MM. Huskisson et Pawlet Thompson l'ont adopté et annoncé. Comme permanent, il serait des plus mal conçus ; il ne serait qu'un milieu irrationnel entre la prohibition et la liberté. Vouloir la liberté du commerce, sauf les droits protecteurs permanens, c'est à peu près comme vouloir la liberté de la presse, sauf la censure.

Le but des transitions est d'éviter les secousses à l'industrie, et de lui laisser le temps de diriger ses capitaux dans les voies nouvelles. Il faut donc procéder par transitions multipliées, et les indiquer à l'avance. Les lois de douanes ne remplissent que la moitié de leur objet, si elles se contentent d'énoncer ce qu'elles veu-

lent pour le moment; de fixer des droits protecteurs, sans les présenter comme provisoires. Elles doivent dire hautement : « Ces droits se-
» ront de *tant* jusqu'à *telle* époque; puis ils iront
» en baissant, jusqu'à ce que règne la liberté
» absolue. » Sinon, l'industrie n'ose rien entreprendre, ou bien agit sur la foi d'une protection qu'elle s'obstine à regarder comme définitive; et l'on voit se succéder les désastres particuliers, les retards à l'établissement de la liberté, les lésions aux fortunes privées et à la fortune publique.

CHAPITRE VIII.

CONCLUSION.

En résumé, les échanges étant utiles à tous les contractans, et dès-lors sources de prospérité pour tous les peuples, les systèmes qui s'opposeront à ces opérations, en d'autres termes à la liberté du commerce, seront funestes à un pays. Liberté; sinon, moins de travail, travail moins bon, moins de production, moins d'échanges, en un mot, moins de richesses: égalité; sinon, même conclusion. Ainsi ces deux lois, gravées dans le cœur de l'homme, sont aussi démontrées par le raisonnement. Pour les masses, ce sont des sentimens mal démêlés, des points de départ;

pour l'homme instruit, ce sont des résultats. Cris de ralliement, déshonorés chez nous par les crimes d'une révolution qui dénaturait et outrait les idées qu'ils expriment, ils ont été réhabilités, en politique, par la sagesse d'une révolution nouvelle, qui veut, en déduisant les conséquences de la première, en éviter les écarts. Qu'ils soient, de plus, entendus avec faveur comme expression des règles fondamentales de l'économie publique. Qu'ils deviennent sacrés pour les législateurs, ces mots qui résument, dans notre ère de civilisation, les deux causes les plus puissantes du bien-être matériel et du perfectionnement moral des nations.

Ces principes de liberté commerciale, encore combattus par quelques esprits, sont déjà passés dans les masses. Ils s'introduiront nécessairement dans les lois : quand un principe s'est fait homme, il faut qu'il se fasse législateur.

Ils s'établiront aussi dans les relations de peuple à peuple, et remplaceront les prohibitions et les traités de commerce.

L'Angleterre, qui avait eu la première le tort des primes, des encouragemens, des prohibitions, a eu aussi, la première, la sagesse d'entrer, moins qu'on ne devrait le désirer, il est vrai, dans la voie de la liberté ; et elle l'a fait malgré les succès relatifs de son industrie sous le régime contraire. Les autres pays profiteront de cet exemple ; car, par les communications multipliées de la pensée, l'univers forme une vaste école d'enseignement mutuel, où chaque peuple vient tour à tour recevoir et donner des leçons.

On a souvent comparé notre époque avec celle de 89; et l'on a dit : En 89, il fallait détruire; maintenant, il faut édifier. Cette différence est certaine; mais il en est une autre aussi grave, qui attire cependant moins l'attention.

En 89, on était surtout blessé du défaut d'égalité et de liberté politiques. Ces deux biens moraux étaient ce que l'on revendiquait avant tout. On croyait que tous les biens matériels en dériveraient comme conséquences. Alors les solutions politiques étaient un but. De nos jours, où, après avoir réalisé, en grande partie du moins, ces deux objets des vœux de nos pères, nous éprouvons encore tant de malaise, les questions politiques ne nous intéressent plus que comme acheminemens à une meilleure position matérielle : elles ne sont plus que moyens. Avide du positif en tout, on a fini par voir que les formes gouvernementales, sur lesquelles on a tant discuté, sont seulement des garanties, des questions secondaires, à la superficie de la société; mais qu'au-delà, plus avant dans les profondeurs de l'ordre social, fermentent d'autres questions, bien autrement vastes, bien autrement vitales, celles des intérêts matériels. Ce qui doit préoccuper principalement les hommes d'état, ce ne sont plus les rapports des personnes au gouvernement, ni ceux des personnes entre elles; ce sont ceux des personnes aux choses. Ce sont les questions relatives à la création et à la distribution des produits, aux mouvemens des richesses, à la source, à la répartition, à l'emploi des impôts. Là tout converge; et les théories du publiciste importent beaucoup moins que les calculs de l'économiste. L'économie publique, voilà, dans les temps modernes, presque toute la politique intérieure.

Disons aussi, presque toute la politique extérieure; car tous les peuples en comprennent la portée. Tous voient les maux qu'ils se sont faits, et peuvent encore se faire, par des rivalités de commerce: tous sentent que c'est au système contraire, à celui d'association, à réparer ces maux; que les avantages qu'engendrent les échanges engagent à continuer les relations amicales, comme les haines qui naissent des prohibitions portent aux ruptures: en d'autres termes, que le système de liberté commerciale amène la paix et ses bienfaits; comme celui des prohibitions, la guerre et ses désastres. Tous agiront, à l'égard de leurs gouvernemens, comme les Etats-Unis du sud de l'Amérique ont agi à l'égard du gouvernement fédéral, qui voulait maintenir de forts droits d'entrée, pour protéger l'industrie manufacturière du nord. Voyant que chaque obstacle, en faveur du nord, à l'importation d'un objet de l'étranger, était obstacle à l'exportation des produits agricoles, cotons, tabacs, etc., du sud, ils s'y sont formellement opposés; et le nord a cédé. Ainsi partout s'élèvent contre le système protecteur les provinces d'une culture ou d'une industrie manufacturière avancées; et partout il faudra l'abandonner. Chez nous, les situations relatives et les intérêts sont presque comme en Amérique. C'est, en général, le midi contre le nord; l'industrie agricole de l'un voulant la liberté, contre l'industrie manufacturière de l'autre invoquant la prohibition et les droits protecteurs. La lutte est la même : le résultat sera le même aussi.

La France doit céder aux vœux du Havre, de Nantes, de Bordeaux, de Lyon, dont les pétitions ont retenti, et éveillé de nombreuses sympathies. La révolution de 89 a fait tomber les barrières entre les parties de notre territoire; celle de 1830 contribuera à les abaisser entre les peuples. Celui qui a marché en tête dans la carrière des libertés politiques ne restera pas long-temps en arrière dans celle des libertés commerciales.

Nous avons eu d'ailleurs aussi, ce qu'on oublie, le mérite de l'initiative en ce genre. Pendant long-temps on n'avait pas même songé à mettre en doute le système prohibitif. On trouvait tout simple, ou plutôt on regardait comme preuve d'une sage sollicitude, *de renouveler et amplifier les priviléges du commerce*, ainsi que le disait Louis XIII dans la déclaration au parlement de

1627; d'adhérer au vœu des producteurs indigènes, qui voulaient que le consommateur *passât par leurs mains*, suivant les expressions de pétitionnaires de cette époque. L'économie politique n'avait pas révélé ses secrets. Les gouvernemens étaient, au surplus, dominés, jusqu'à un certain point, par les corporations et les compagnies à priviléges; et, en vendant à ces corps des concessions de tarifs ou de prohibitions, ils en tiraient, du moins, des indemnités pour le fisc. Dans notre organisation, on n'aurait ni les mêmes excuses à présenter, ni les mêmes indemnités à procurer aux contribuables. Quoi qu'il en soit, le système prohibitif était devenu article de foi. Mais, pas plus que les autres articles de foi, il ne put échapper à l'esprit d'analyse de la fin du dix-huitième siècle. La philosophie, après s'être agitée dans le vague des théories, tendait à passer en applications. La secte des économistes de Quesnay, en France, sapant de faux principes, développa, au milieu de quelques erreurs nouvelles, les vérités fondamentales de la science, qui furent ensuite prouvées et coordonnées par le génie de Smith. Un ministre français de cette secte, Turgot, est aussi le premier qui ait essayé de les introduire dans l'administration; mais il échoua dans cette glorieuse entreprise. Après lui, sous la République, sous le Consulat, sous l'Empire, sous la Restauration, nous nous enfonçâmes de plus en plus dans les systèmes prohibitif et protecteur. Huskisson a été plus heureux que Turgot; et ses successeurs continuent l'œuvre qu'il a commencée. Ainsi, dans cette circonstance, comme dans beaucoup d'autres, pour la théorie et pour la pratique, à la France le mérite de la découverte et des premiers essais; à l'Angleterre celui de l'application suivie.

Une autre différence se fait remarquer entre les deux peuples. Chez l'un, la réforme politique précède, de quelques années, la réforme commerciale : c'est le contraire chez l'autre. Isolant ces deux faits, des esprits à antithèses en voudront conclure que l'un est plus théoricien, et l'autre plus positif. Mais la vérité, c'est que ces deux réformes se suivent toujours de près, quand elles ne sont pas contemporaines : car elles ne sont que secondairement, l'une pour l'autre, cause et effet; elles sont, toutes deux, conséquences nécessaires, inévitables, du progrès des lumières et de la civilisation.

Puissent les législateurs français ne pas entraver, par de nouvelles concessions aux intérêts des monopoleurs, nos pas dans une carrière de perfectionnemens et de richesses, dont l'immensité s'ouvre devant nous, mais où nos administrations sont restées, hélas! si retardataires depuis quarante ans! Puissions-nous ne pas compromettre notre avenir, comme nous avons gâté notre passé!

Nous parlons incessamment d'économie! Mais dans l'impôt, nous ne voulons voir que la quotité : et la quotité importe beaucoup moins que la source, que la répartition, que l'emploi. Qu'il ne frappe pas de manière à gêner la production, et la production pourra le supporter plus aisément. Que la charge en soit bien distribuée, selon les forces de chacun ; et elle sera plus légère. Qu'il soit bien dépensé ; et il donnera naissance à de nouveaux produits. En demandant beaucoup à un peuple qu'on laisse prospérer, on le grève moins qu'en lui demandant peu et en arrêtant son essor. La France est assez riche pour supporter le budget qu'elle paie chaque année, et même un plus élevé, si l'impôt était mieux établi et mieux employé. Ce qui l'écrase surtout, ce ne sont pas les frais de son administration ; ce sont ses tarifs de commerce ; ce n'est pas sa dépense, c'est l'obligation de payer trop cher les produits dont elle a besoin : ce qui l'écrase, c'est la protection. La plus forte partie de notre impôt n'est pas dans le budget, mais dans la législation des douanes. Qu'on s'enquière de la somme qu'on pourrait obtenir par des diminutions de traitemens ou par tous autres moyens, sans changemens de systèmes ; on sera étonné de l'exiguité du résultat. Mais, avec des changemens de systèmes, surtout en économie commerciale, les avantages devront se calculer par centaines de millions de francs, si même ils peuvent se calculer. Plus de réductions exagérées d'appointemens ; elles feraient que les emplois publics se partageraient entre l'aristocratie de richesse, l'incapacité, ou la friponnerie, et que l'état serait toujours mal servi. Ayons le moins possible de fonctionnaires ; mais qu'ils soient bien rétribués. Plus de mesquines épargnes, quand l'emploi des fonds alloués est utile. Ne confondons pas l'économie, qui dépense d'une manière fructueuse, avec l'avarice, qui ne sait jamais dépenser. En un mot, ce n'est pas dans les rognures du budget qu'il faut chercher les véritables sources de la prospérité nationale ; c'est dans la révision de la législation économique. Plus de mesures petites, étroites; mais de l'élévation dans les vues, de la hardiesse dans l'exécution, des réformes larges, profondes, fondamentales : il est temps.

TABLE DES MATIÈRES.

www.ingramcontent.com/pod-product-compliance
Ingram Content Group UK Ltd.
Pitfield, Milton Keynes, MK11 3LW, UK
UKHW021054260726
13994UKWH00002B/531

9 782329 327389